suhrkamp taschenbuch
wissenschaft 191

Immanuel Kant
Werkausgabe
IX

Die Werke Immanuel Kants in der Ausgabe von Wilhelm Weischedel liegen in den *suhrkamp taschenbüchern wissenschaft* in zwölf Bänden sowie geschlossen als Werkausgabe in Kassette vor:

Band I:	Vorkritische Schriften bis 1768 1 (stw 186)
Band II:	Vorkritische Schriften bis 1768 2 (stw 187)
Band III:	Kritik der reinen Vernunft 1 (stw 55)
Band IV:	Kritik der reinen Vernunft 2 (stw 55)
Band V:	Schriften zur Metaphysik und Logik 1 (stw 188)
Band VI:	Schriften zur Metaphysik und Logik 2 (stw 189)
Band VII:	Kritik der praktischen Vernunft. Grundlegung zur Metaphysik der Sitten (stw 56)
Band VIII:	Die Metaphysik der Sitten (stw 190)
Band IX:	Schriften zur Naturphilosophie (stw 191)
Band X:	Kritik der Urteilskraft (stw 57)
Band XI:	Schriften zur Anthropologie, Geschichtsphilosophie, Politik und Pädagogik 1 (stw 192)
Band XII:	Schriften zur Anthropologie, Geschichtsphilosophie, Politik und Pädagogik 2 (stw 193)

Immanuel Kant
Schriften zur Naturphilosophie

Herausgegeben
von Wilhelm Weischedel

Suhrkamp

Diese Ausgabe ist text- und seitengleich
mit Band IX, Seite 1–170, der Theorie-Werkausgabe Immanuel Kant,
Werke in zwölf Bänden, Frankfurt 1968.
Herausgegeben von Wilhelm Weischedel

suhrkamp taschenbuch wissenschaft 191
Erste Auflage 1977

Suhrkamp Taschenbuch Verlag
Druck: Nomos, Baden-Baden
Printed in Germany.
Umschlag nach Entwürfen von
Willy Fleckhaus und Rolf Staudt.

INHALT

METAPHYSISCHE ANFANGSGRÜNDE DER NATURWISSENSCHAFT

TITEL DER ERSTEN AUFLAGE (A)

Metaphysische Anfangsgründe
der Naturwissenschaft
von Immanuel Kant

Riga,
bey Johann Friedrich Hartknoch
1786.

| VORREDE

Wenn das Wort Natur bloß in formaler Bedeutung genommen wird, da es das erste innere Prinzip alles dessen bedeutet, was zum Dasein eines Dinges gehört,* so kann es so vielerlei Naturwissenschaften geben, als es spezifisch verschiedene Dinge gibt, deren jedes sein eigentümliches inneres Prinzip der zu seinem Dasein gehörigen Bestimmungen enthalten muß. Sonst wird aber auch Natur in materieller Bedeutung genommen, nicht als eine Beschaffenheit, sondern als der Inbegriff aller Dinge, so fern sie Gegenstände unserer Sinne, mithin auch der Erfahrung sein können, worunter also das Ganze aller Erscheinungen, d. i. die Sinnenwelt, mit Ausschließung aller nicht sinnlichen Objekte, verstanden wird. Die Natur, in die|ser Bedeutung des Worts genommen, hat nun, nach der Hauptverschiedenheit unserer Sinne, zwei Hauptteile, deren der eine die Gegenstände äußerer, der andere den Gegenstand des inneren Sinnes enthält, mithin ist von ihr eine zwiefache Naturlehre, die Körperlehre und Seelenlehre möglich, wovon die erste die ausgedehnte, die zweite die denkende Natur in Erwägung zieht.

Eine jede Lehre, wenn sie ein System, d. i. ein nach Prinzipien geordnetes Ganze der Erkenntnis sein soll, heißt Wissenschaft, und, da jene Prinzipien entweder Grundsätze der empirischen oder der rationalen Verknüpfung der Erkenntnisse in einem Ganzen sein können, so würde auch die Naturwissenschaft, sie mag nun Körperlehre oder Seelenlehre sein, in historische oder rationale Naturwissenschaft eingeteilt werden müssen, wenn nur nicht das Wort Natur (weil dieses eine Ableitung des Mannigfaltigen zum Dasein der Dinge Gehörigen aus ihrem inneren Prinzip bezeichnet) eine Erkenntnis durch Vernunft von ihrem

* Wesen ist das erste innere Prinzip alles dessen, was zur Möglichkeit eines Dinges gehört. Daher kann man den geometrischen Figuren (da in ihrem Begriffe nichts, was ein Dasein ausdrückte, gedacht wird) nur ein Wesen, nicht aber eine Natur beizulegen[1].

[1] Akad.-Ausg.: »beilegen«.

Zusammenhange notwendig machte, wofern sie den Namen von Naturwissenschaft verdienen soll. Daher wird die Naturlehre besser in historische Naturlehre, welche nichts als systematisch geordnete Facta der Naturdinge enthält (und wiederum aus Naturbeschreibung, als einem Klassensystem derselben nach Ähnlichkeiten, und Naturgeschichte, als einer syste|matischen Darstellung derselben in verschiedenen Zeiten und Örtern, bestehen würde), und Naturwissenschaft eingeteilt werden können. Die Naturwissenschaft würde nun wiederum entweder eigentlich, oder uneigentlich so genannte Naturwissenschaft sein, wovon die erstere ihren Gegenstand gänzlich nach Prinzipien a priori, die zweite nach Erfahrungsgesetzen behandelt.

Eigentliche Wissenschaft kann nur diejenige genannt werden, deren Gewißheit apodiktisch ist; Erkenntnis, die bloß empirische Gewißheit enthalten kann, ist ein nur uneigentlich so genanntes Wissen. Dasjenige Ganze der Erkenntnis, was systematisch ist, kann schon darum Wissenschaft heißen, und, wenn die Verknüpfung der Erkenntnis in diesem System ein Zusammenhang von Gründen und Folgen ist, so gar rationale Wissenschaft. Wenn aber diese Gründe oder Prinzipien in ihr, wie z. B. in der Chemie, doch zuletzt bloß empirisch sind, und die Gesetze, aus denen die gegebene Facta durch die Vernunft erklärt werden, bloß Erfahrungsgesetze sind, so führen sie kein Bewußtsein ihrer Notwendigkeit bei sich (sind nicht apodiktisch-gewiß) und alsdenn verdient das Ganze in strengem Sinne nicht den Namen einer Wissenschaft, und Chymie sollte daher eher systematische Kunst, als Wissenschaft heißen.

| Eine rationale Naturlehre verdient also den Namen einer Naturwissenschaft nur alsdenn, wenn die Naturgesetze, die in ihr zum Grunde liegen, a priori erkannt werden, und nicht bloße Erfahrungsgesetze sind. Man nennt eine Naturerkenntnis von der ersteren Art rein; die von der zweiten Art aber wird angewandte Vernunfterkenntnis genannt. Da das Wort Natur schon den Begriff von Gesetzen bei sich führt, dieser aber den Begriff der Notwen-

|A V, VI

digkeit aller Bestimmungen eines Dinges, die zu seinem Dasein gehören, bei sich führt, so sieht man leicht, warum Naturwissenschaft die Rechtmäßigkeit dieser Benennung nur von einem reinen Teil derselben, der nämlich die Prinzipien a priori aller übrigen Naturerklärungen enthält, ableiten müsse und nur kraft dieses reinen Teils eigentliche Wissenschaft sei, imgleichen daß, nach Foderungen der Vernunft, jede Naturlehre zuletzt auf Naturwissenschaft hinausgehen und darin sich endigen müsse, weil jene Notwendigkeit der Gesetze dem Begriffe der Natur unzertrennlich anhängt und daher durchaus eingesehen sein will; daher die vollständigste Erklärung gewisser Erscheinungen aus chymischen Prinzipien noch immer eine Unzufriedenheit zurückläßt, weil man von diesen, als zufälligen Gesetzen, die bloß Erfahrung gelehrt hat, keine Gründe a priori anführen kann.

Alle eigentliche Naturwissenschaft bedarf also einen reinen Teil, auf dem sich die apodiktische Gewiß|heit, die die Vernunft in ihr sucht, gründen könne, und weil dieser, seinen Prinzipien nach, in Vergleichung mit denen, die nur empirisch sind, ganz ungleichartig ist, so ist es zugleich von der größten Zuträglichkeit, ja, der Natur der Sache nach, von unerlaßlicher Pflicht in Ansehung der Methode, jenen Teil abgesondert, und von dem andern ganz unbemengt, so viel möglich in seiner ganzen Vollständigkeit vorzutragen, damit man genau bestimmen könne, was die Vernunft für sich zu leisten vermag, und wo ihr Vermögen anhebt, der Beihülfe der Erfahrungsprinzipien nötig zu haben. Reine Vernunfterkenntnis aus bloßen Begriffen heißt reine Philosophie, oder Metaphysik; dagegen wird die, welche nur auf der Konstruktion der Begriffe, vermittelst Darstellung des Gegenstandes in einer Anschauung a priori, ihr Erkenntnis gründet, Mathematik genannt.

Eigentlich so zu nennende Naturwissenschaft setzt zuerst Metaphysik der Natur voraus; denn Gesetze, d. i. Prinzipien der Notwendigkeit dessen, was zum Dasein eines Dinges gehört, beschäftigen sich mit einem Begriffe, der sich nicht konstruieren läßt, weil das Dasein in keiner Anschau-

|A VII

ung a priori dargestellt werden kann. Daher setzt eigentliche Naturwissenschaft Metaphysik der Natur voraus. Diese muß nun zwar jederzeit lauter Prinzipien, die nicht empirisch sind, enthalten (denn darum führt sie eben den | Namen einer Metaphysik), aber sie kann doch *entweder* sogar ohne Beziehung auf irgend ein bestimmtes Erfahrungsobjekt, mithin unbestimmt in Ansehung der Natur dieses oder jenen Dinges der Sinnenwelt, von den Gesetzen, die den Begriff einer Natur überhaupt möglich machen, handeln, und alsdenn ist es der *transzendentale* Teil der Metaphysik der Natur: *oder* sie beschäftigt sich mit einer besonderen Natur dieser oder jener Art Dinge, von denen ein empirischer Begriff gegeben ist, doch so, daß außer dem, was in diesem Begriffe liegt, kein anderes empirisches Prinzip zur Erkenntnis derselben gebraucht wird (z. B. sie legt den empirischen Begriff einer Materie, oder eines denkenden Wesens, zum Grunde, und sucht den Umfang der Erkenntnis, deren die Vernunft über diese Gegenstände a priori fähig ist), und da muß eine solche Wissenschaft noch immer eine Metaphysik der Natur, nämlich der körperlichen oder denkenden Natur, heißen, aber es ist alsdenn keine allgemeine, sondern *besondere* metaphysische Naturwissenschaft (Physik und Psychologie), in der jene transzendentale Prinzipien auf die zwei Gattungen der Gegenstände unserer Sinne angewandt werden.

Ich behaupte aber, daß in jeder besonderen Naturlehre nur so viel *eigentliche* Wissenschaft angetroffen werden könne, als darin *Mathematik* anzutreffen ist. Denn nach dem Vorhergehenden erfodert ei|gentliche Wissenschaft, vornehmlich der Natur, einen reinen Teil, der dem empirischen zum Grunde liegt, und der auf Erkenntnis der Naturdinge a priori beruht. Nun heißt etwas a priori erkennen es aus seiner bloßen Möglichkeit erkennen. Die Möglichkeit bestimmter Naturdinge kann aber nicht aus ihren bloßen Begriffen erkannt werden; denn aus diesen kann zwar die Möglichkeit des Gedankens (daß er sich selbst nicht widerspreche), aber nicht des Objekts, als Naturdinges erkannt werden, welches außer dem Gedanken (als existierend) gegeben werden kann. Also wird, um die Möglichkeit bestimmter Naturdinge, mithin um diese a priori zu erkennen, noch erfodert, daß die dem Begriffe korrespondierende *Anschauung* a priori gegeben werde, d. i. daß der Begriff konstruiert werde. Nun ist die Vernunfterkenntnis durch Konstruktion der Begriffe mathematisch. Also mag zwar eine reine Philosophie der Natur überhaupt, d. i. diejenige, die nur das, was den Begriff einer Natur im allgemeinen ausmacht, untersucht, auch ohne Mathematik möglich sein, aber eine reine Naturlehre über *bestimmte* Naturdinge (Körperlehre und Seelenlehre) ist nur vermittelst der Mathematik möglich, und, da in jeder Naturlehre nur so viel eigentliche Wissenschaft angetroffen wird, als sich darin Erkenntnis a priori befindet, so wird Naturlehre nur so viel eigentliche Wissenschaft enthalten, als Mathematik in ihr angewandt werden kann.

| So lange also noch für die chymischen Wirkungen der Materien auf einander kein Begriff ausgefunden wird, der sich konstruieren läßt, d. i. kein Gesetz der Annäherung oder Entfernung der Teile angeben läßt, nach welchem etwa in Proportion ihrer Dichtigkeiten u.d.g. ihre Bewegungen samt ihren Folgen sich im Raume a priori anschaulich machen und darstellen lassen (eine Foderung, die schwerlich jemals erfüllt werden wird), so kann Chymie nichts mehr als systematische Kunst, oder Experimentallehre, niemals aber eigentliche Wissenschaft werden, weil die Prinzipien derselben bloß empirisch sind und keine Darstellung a priori in der Anschauung erlauben, folglich die Grundsätze chymischer Erscheinungen ihrer Möglichkeit nach nicht im mindesten begreiflich machen, weil sie der Anwendung der Mathematik unfähig sind.

Noch weiter aber, als selbst Chymie, muß empirische Seelenlehre jederzeit von dem Range einer eigentlich so zu nennenden Naturwissenschaft entfernt bleiben, erstlich weil Mathematik auf die Phänomene des inneren Sinnes und ihre Gesetze nicht anwendbar ist, man müßte denn allein das *Gesetz der Stetigkeit* in dem Abflusse der inneren Veränderungen desselben in Anschlag bringen wollen, welches aber eine Erweiterung der Erkenntnis sein würde, die sich zu der, welche die Mathematik der Körperlehre verschafft, ohngefähr so verhalten würde, wie die Lehre von den Eigen-|schaften der geraden Linie zur ganzen Geometrie. Denn die reine innere Anschauung, in welcher die Seelen-Erscheinungen konstruiert werden sollen, ist die Zeit, die nur eine Dimension hat. Aber auch nicht einmal als systematische Zergliederungskunst, oder Experimentallehre, kann sie der Chymie jemals nahe kommen, weil sich in ihr das Mannigfaltige der inneren Beobachtung nur durch bloße Gedankenteilung von einander absondern, nicht aber abgesondert aufbehalten und beliebig wiederum verknüpfen, noch weniger aber ein anderes denkendes Subjekt sich unseren Versuchen der Absicht angemessen von uns unterwerfen läßt, und selbst die Beobachtung an sich schon den Zustand des beobachteten Gegenstandes alteriert und verstellt. Sie kann daher niemals etwas mehr als eine historische, und, als solche, so viel möglich systematische Naturlehre des inneren Sinnes, d. i. eine Naturbeschreibung der Seele, aber nicht Seelenwissenschaft, ja nicht einmal psychologische Experimentallehre werden; welches denn auch die Ursache ist, weswegen wir uns zum Titel dieses Werks, welches eigentlich die Grundsätze der Körperlehre enthält, dem gewöhnlichen Gebrauche gemäß des allgemeinen Namens der Naturwissenschaft bedient haben, weil ihr diese Benennung im eigentlichen Sinne allein zukommt und also hiedurch keine Zweideutigkeit veranlaßt wird.

| Damit aber die Anwendung der Mathematik auf die Körperlehre, die durch sie allein Naturwissenschaft werden kann, möglich werde, so müssen Prinzipien der Konstruktion der Begriffe, welche zur Möglichkeit der Materie überhaupt gehören, vorangeschickt werden; mithin wird eine vollständige Zergliederung des Begriffs von einer Materie überhaupt zum Grunde gelegt werden müssen, welches ein Geschäfte der reinen Philosophie ist, die zu dieser Absicht sich keiner besonderen Erfahrungen, sondern nur dessen, was sie im abgesonderten (obzwar an sich empirischen) Begriffe selbst antrifft, in Beziehung auf die reinen Anschau-

ungen im Raume und der Zeit (nach Gesetzen, welche schon dem Begriffe der Natur überhaupt wesentlich anhängen) bedient, mithin eine wirkliche *Metaphysik der körperlichen Natur ist.*

Alle Naturphilosophen, welche in ihrem Geschäfte mathematisch verfahren wollten, haben sich daher jederzeit (obschon sich selbst unbewußt) metaphysischer Prinzipien bedient und bedienen müssen, wenn sie sich gleich sonst wider allen Anspruch der Metaphysik auf ihre Wissenschaft feierlich verwahrten. Ohne Zweifel verstanden sie unter der letzteren den Wahn, sich Möglichkeiten nach Belieben auszudenken und mit Begriffen zu spielen, die sich in der Anschauung vielleicht gar nicht darstellen lassen, und keine andere Beglaubigung ihrer objektiven Realität haben, als daß sie bloß | mit sich selbst nicht im Widerspruche stehen. Alle wahre Metaphysik ist aus dem Wesen des Denkungsvermögens selbst genommen, und keinesweges darum erdichtet, weil sie nicht von der Erfahrung entlehnt ist, sondern enthält die reinen Handlungen des Denkens, mithin Begriffe und Grundsätze a priori, welche das Mannigfaltige *empirischer Vorstellungen* allererst in die gesetzmäßige Verbindung bringt, dadurch es *empirisches Erkenntnis*, d. i. Erfahrung, werden kann. So konnten also jene mathematische Physiker metaphysischer Prinzipien gar nicht entbehren, und unter diesen auch nicht solcher, welche den Begriff ihres eigentlichen Gegenstandes, nämlich der Materie, a priori zur Anwendung auf äußere Erfahrung tauglich machen, als des Begriffs der Bewegung, der Erfüllung des Raums, der Trägheit, u.s.w. Darüber aber bloß empirische Grundsätze gelten zu lassen, hielten sie mit Recht der apodiktischen Gewißheit, die sie ihren Naturgesetzen geben wollten, gar nicht gemäß, daher sie solche lieber postulierten, ohne nach ihre Quellen [1] a priori zu forschen.

Es ist aber von der größten Wichtigkeit, zum Vorteil der Wissenschaften ungleichartige Prinzipien von einander zu scheiden, jede in ein besonderes System zu bringen, damit sie eine Wissenschaft ihrer eigenen Art ausmachen, um da-

[1] Akad.-Ausg.: »nach ihren Quellen«.

|A XIII

durch die Ungewißheit zu verhüten, die aus der Vermengung entspringt, da | man nicht wohl unterscheiden kann, welcher von beiden teils die Schranken, teils auch die Verirrungen, die sich im Gebrauche derselben zutragen möchten, beizumessen sein dürften. Um deswillen habe ich für nötig gehalten, von dem reinen Teile der Naturwissenschaft (physica generalis), wo metaphysische und mathematische Konstruktionen durch einander zu laufen pflegen, die erstere, und mit ihnen zugleich die Prinzipien der Konstruktion dieser Begriffe, also der Möglichkeit einer mathematischen Naturlehre selbst, in einem System darzustellen. Diese Absonderung hat, außer dem schon erwähnten Nutzen, den sie schafft, noch einen besonderen Reiz, den die Einheit der Erkenntnis bei sich führt, wenn man verhütet, daß die Grenzen der Wissenschaften nicht in einander laufen, sondern ihre gehörig abgeteilte Felder einnehmen.

Es kann noch zu einem zweiten Anpreisungsgrunde dieses Verfahrens dienen: daß in allem, was Metaphysik heißt, die absolute Vollständigkeit der Wissenschaften gehofft werden kann, dergleichen man sich in keiner anderen Art von Erkenntnissen versprechen darf, mithin eben so, wie in der Metaphysik der Natur überhaupt, also auch hier die Vollständigkeit der Metaphysik der körperlichen Natur zuversichtlich erwartet werden kann; wovon die Ursache ist, daß in der Metaphysik der Gegenstand nur, wie er bloß nach den allgemeinen Gesetzen des Denkens, in andern Wis|senschaften aber, wie er nach Datis der Anschauung (der reinen sowohl, als empirischen) vorgestellt werden muß, betrachtet wird, da denn jene, weil der Gegenstand in ihr jederzeit mit allen notwendigen Gesetzen des Denkens verglichen werden muß, eine bestimmte Zahl von Erkenntnissen geben muß, die sich völlig erschöpfen läßt, diese aber, weil sie eine unendliche Mannigfaltigkeit von Anschauungen (reinen oder empirischen), mithin Objekte[1] des Denkens darbieten, niemals zur absoluten Vollständigkeit gelangen, sondern ins Unendliche erweitert werden können; wie reine Mathematik und empirische Naturlehre.

[1] Akad.-Ausg.: »Objekten«.

Auch glaube ich diese metaphysische Körperlehre so weit, als sie sich immer nur erstreckt, vollständig erschöpft, dadurch aber doch eben kein großes Werk zu Stande gebracht zu haben.

Das Schema aber zur Vollständigkeit eines metaphysischen Systems, es sei der Natur überhaupt, oder der körperlichen Natur insbesondere, ist die Tafel der Kategorien*.

* Nicht wider diese Tafel der reinen Verstandesbegriffe, sondern die daraus gezogenen Schlüsse auf die Grenzbestimmung des ganzen reinen Vernunftvermögens, mithin auch aller Metaphysik, finde ich in der Allgem. Litt. Zeit. Nr. 295, in der Rezension der Institutiones Logicae et Metaph. des Herrn Prof. Ulrich Zweifel, in welchen der tiefforschende Rezensent mit seinem nicht minder prüfenden Verfasser übereinzukommen sich erklärt, und | zwar Zweifel, die, weil sie gerade das Hauptfundament meines in der Kritik aufgestellten Systems treffen sollen, Ursache wären, daß dieses in Ansehung seines Hauptzieles noch lange nicht diejenige apodiktische Überzeugung bei sich führe, welche zur Abnötigung einer uneingeschränkten Annahme erfoderlich ist; dieses Hauptfundament sei meine, teils dort, teils in den Prolegomenen, vorgetragene Deduktion der reinen Verstandesbegriffe, die aber in dem Teile der Kritik, welcher gerade der helleste sein müßte, am meisten dunkel wäre, oder wohl gar sich im Zirkel herumdrehete etc. Ich richte meine Beantwortung dieser Einwürfe nur auf den Hauptpunkt derselben, daß nämlich, ohne eine ganz klare und genugtuende Deduktion der Kategorien, das System der Kritik der reinen Vernunft in seinem Fundamente wanke. Dagegen behaupte ich, daß für denjenigen, der meine Sätze von der Sinnlichkeit aller unserer Anschauung und der Zulänglichkeit der Tafel der Kategorien, als von den logischen Funktionen in Urteilen überhaupt entlehnter Bestimmungen unseres Bewußtseins, unterschreibt (wie dieses denn der Rezensent tut), das System der Kritik apodiktische Gewißheit bei sich führen müsse, weil dieses auf dem Satze erbauet ist: daß der ganze spekulative Gebrauch unserer Vernunft niemals weiter als auf Gegenstände möglicher Erfahrung reiche. Denn, wenn bewiesen werden kann: daß die Kategorien, deren sich die Vernunft in allem ihrem Erkenntnis bedienen muß, gar keinen anderen Gebrauch, als bloß in Beziehung auf Gegenstände der Erfahrung haben können (dadurch daß sie in dieser bloß die Form des Denkens möglich machen), so ist die Beantwortung der Frage, wie sie solche möglich machen, zwar wichtig genug, um diese Deduktion, wo möglich, zu vollenden, aber in Beziehung auf | den Hauptzweck des Systems, nämlich die Grenzbestimmung der reinen Vernunft, keinesweges notwendig, sondern bloß verdienstlich. Denn in dieser Absicht ist die Deduktion schon alsdenn weit genug geführt, wenn sie zeigt, daß gedachte Kategorien nichts anders als bloße Formen der Urteile sind, so fern sie auf Anschauungen

Anm.: |A XVI, XVII

Denn mehr gibt es nicht rei|ne Verstandesbegriffe, die die Natur der Dinge betreffen können. Unter die vier Klassen derselben, die der | *Größe*, der *Qualität*, der *Relation* und endlich der *Modalität*, müssen sich auch alle Bestimmungen des allge|meinen Begriffs einer Materie überhaupt, mithin auch alles, was a priori von ihr gedacht, was

(die bei uns immer nur sinnlich sind) angewandt werden, dadurch aber allererst Objekte bekommen und Erkenntnisse werden; weil dieses schon hinreicht, das ganze System der eigentlichen Kritik darauf mit völliger Sicherheit zu gründen. So steht Newtons System der allgemeinen Gravitäten fest, ob es gleich die Schwierigkeit bei sich führt, daß man nicht erklären kann, wie Anziehung in die Ferne möglich sei; aber *Schwierigkeiten sind nicht Zweifel*. Daß nun jenes Hauptfundament auch ohne vollständige Deduktion der Kategorien fest stehe, beweise ich aus dem Zugestandenen also:

1. *Zugestanden*: daß die Tafel der Kategorien alle reine Verstandesbegriffe vollständig enthalte und eben so alle formale Verstandeshandlungen in Urteilen, von welchen sie abgeleitet und auch in nichts unterschieden sind, als daß durch den Verstandesbegriff ein Objekt in Ansehung einer oder der andern Funktion der Urteile als *bestimmt* gedacht wird (z. B. so wird in dem kategorischen Urteile: der *Stein ist hart*, der *Stein* für Subjekt und *hart* als Prädikat gebraucht, so doch, daß es dem Verstande unbenommen bleibt, die logische Funktion dieser Begriffe umzutauschen und zu sagen: einiges Harte ist ein Stein; dagegen wenn ich es mir im *Objekte* als *bestimmt* vorstelle, daß der Stein in jeder möglichen Bestimmung eines Gegenstandes, nicht des bloßen Begriffs, nur als Subjekt, die Härte aber nur als Prädikat gedacht werden|müsse, dieselbe logische Funktionen nun *reine Verstandesbegriffe* von Objekten, nämlich als *Substanz* und *Akzidens*, werden);

2. *zugestanden*: daß der Verstand durch seine Natur synthetische Grundsätze a priori bei sich führe, durch die er alle Gegenstände, die ihm gegeben werden mögen, jenen Kategorien unterwirft, mithin es auch Anschauungen a priori geben müsse, welche die zur Anwendung jener reinen Verstandesbegriffe erfoderliche Bedingungen enthalten, *weil ohne Anschauung kein Objekt*, in Ansehung dessen die logische Funktion als Kategorie bestimmt werden könnte, mithin auch keine Erkenntnis irgend eines Gegenstandes und also auch ohne reine Anschauung kein Grundsatz, der sie a priori in dieser Absicht bestimmte, *stattfindet*;

3. *zugestanden*: daß diese reine Anschauungen niemals etwas anders, als bloße Formen der *Erscheinungen* äußerer oder des innern Sinnes (Raum und Zeit), folglich nur allein der *Gegenstände möglicher Erfahrungen* sein können;

so folgt: daß aller Gebrauch der reinen Vernunft niemals worauf anders, als auf Gegenstände der Erfahrung gehen könne, und, weil in Grundsätzen a priori nichts Empirisches die Bedingung sein kann, sie in der mathemati|schen Konstruktion dargestellt, oder in der Erfahrung, als bestimmter Gegenstand derselben, gegeben werden mag, | bringen lassen. Mehr ist hier nicht zu tun, zu entdecken oder hinzuzusetzen, sondern allenfalls, wo in der Deutlichkeit oder Gründlichkeit gefehlt sein möchte, es besser zu machen.

nichts weiter als Prinzipien der *Möglichkeit der Erfahrung* überhaupt sein können. Dieses allein ist das wahre und hinlängliche Fundament der Grenzbestimmung der reinen Vernunft, aber nicht die Auflösung der Aufgabe: *wie* nun Erfahrung vermittelst jener Kategorien und nur allein durch dieselbe möglich sei. Die letztere Aufgabe, obgleich auch ohne sie das Gebäude fest steht, hat indessen große Wichtigkeit, und, wie ich es jetzt einsehe, eben so große Leichtigkeit, da sie beinahe durch einen einzigen Schluß aus der genau be|stimmten Definition eines *Urteils* überhaupt (einer Handlung, durch die gegebene Vorstellungen zuerst Erkenntnisse eines Objekts werden) verrichtet werden kann. Die Dunkelheit, die in diesem Teile der Deduktion meinen vorigen Verhandlungen anhängt, und die ich nicht in Abrede ziehe, ist dem gewöhnlichen Schicksale des Verstandes im Nachforschen beizumessen, dem der kürzeste Weg gemeiniglich nicht der erste ist, den er gewahr wird. Daher ich die nächste Gelegenheit ergreifen werde, diesen Mangel (welcher auch nur die Art der Darstellung, nicht den dort schon richtig angegebenen Erklärungsgrund, betrifft) zu ergänzen, ohne daß der scharfsinnige Rezensent in die ihm gewiß selbst unangenehm fallende Notwendigkeit versetzt werden darf, wegen der befremdlichen Einstimmung der Erscheinungen zu den Verstandesgesetzen, ob diese gleich von jenen ganz verschiedene Quellen haben, zu einer prästabilierten Harmonie seine Zuflucht zu nehmen; einem Rettungsmittel, welches weit schlimmer wäre, als das Übel, dawider es helfen soll, und das dagegen doch wirklich nichts helfen kann. Denn auf diese kommt doch jene *objektive Notwendigkeit* nicht heraus, welche die reinen Verstandesbegriffe (und die Grundsätze ihrer Anwendung auf Erscheinungen) charakterisiert, z. B. in dem Begriffe der Ursache in Verknüpfung mit der Wirkung, sondern alles bleibt bloß *subjektiv-notwendige*, objektiv aber bloß zufällige Zusammenstellung, gerade wie es *Hume* will, wenn er sie bloße Täuschung aus Gewohnheit nennt. Auch kann kein System in der Welt diese Notwendigkeit wo anders herleiten, als aus den a priori zum Grunde liegenden Prinzipien der Möglichkeit des *Denkens selbst*, wodurch allein die Erkenntnis der Objekte, deren Erscheinung uns gegeben ist, d. i. | Erfahrung, möglich wird, und gesetzt, die Art, *wie* Erfahrung dadurch allererst möglich werde, könnte niemals hinreichend erklärt werden, so bleibt es doch unwidersprechlich gewiß, *daß* sie bloß durch jene Begriffe möglich, und jene Begriffe umgekehrt auch in keiner anderen Beziehung, als auf Gegenstände der Erfahrung, einer Bedeutung und irgend eines Gebrauchs fähig sind.

Der Begriff der Materie mußte daher durch alle vier genannte Funktionen der Verstandesbegriffe (in vier Hauptstücken) durchgeführt werden, in deren jedem eine neue Bestimmung desselben hinzu kam. Die Grundbestimmung eines Etwas, das ein Gegenstand äußerer Sinne sein soll, mußte Bewegung sein; denn dadurch allein können diese Sinne affiziert werden. Auf diese führt auch der Verstand alle übrige Prädikate der Materie, die zu ihrer Natur gehören, zurück, und so ist die Naturwissenschaft durchgängig eine entweder reine oder angewandte Bewegungslehre. Die metaphysischen Anfangsgründe der Naturwissenschaft sind also unter vier Hauptstücke zu bringen, deren erstes die Bewegung als ein reines Quantum, nach seiner Zusammensetzung, ohne alle Qualität des Beweglichen, betrachtet, und Phoronomie genannt werden kann, das zweite sie als | zur Qualität der Materie gehörig, unter dem Namen einer ursprünglich bewegenden Kraft, in Erwägung zieht, und daher Dynamik heißt, das dritte die Materie mit dieser Qualität durch ihre eigene Bewegung gegen einander in Relation betrachtet, und daher unter dem Namen Mechanik vorkommt, das vierte aber ihre Bewegung oder Ruhe bloß in Beziehung auf die Vorstellungsart, oder Modalität, mithin als Erscheinung äußerer Sinne, bestimmt, und Phänomenologie genannt wird.

Aber außer jener inneren Notwendigkeit, die metaphysischen Anfangsgründe der Körperlehre nicht allein von der Physik, welche empirische Prinzipien braucht, sondern selbst von den rationalen Prämissen derselben, die den Gebrauch der Mathematik in ihr betreffen, abzusondern, ist noch ein äußerer, zwar nur zufälliger, aber gleichwohl wichtiger Grund da, ihre ausführliche Bearbeitung von dem allgemeinen System der Metaphysik abzutrennen und sie als ein besonderes Ganze systematisch darzustellen. Denn, wenn es erlaubt ist, die Grenzen einer Wissenschaft nicht bloß nach der Beschaffenheit des Objekts und der spezifischen Erkenntnisart desselben, sondern auch nach dem Zwecke, den man mit der Wissenschaft selbst zum anderweitigen Gebrauche vor Augen hat, zu zeichnen, und findet[1], daß Metaphysik so viel Köpfe bisher nicht darum beschäftigt hat und sie ferner beschäftigen | wird, um Naturkenntnisse dadurch zu erweitern (welches viel leichter und sicherer durch Beobachtung, Experiment und Anwendung der Mathematik auf äußere Erscheinungen geschieht), sondern um zur Erkenntnis dessen, was gänzlich über alle Grenzen der Erfahrung hinausliegt, von Gott, Freiheit und Unsterblichkeit zu gelangen: so gewinnt man in Beförderung dieser Absicht, wenn man sie von einem zwar aus ihrer Wurzel sprossenden, aber doch ihrem regelmäßigen Wuchse nur hinderlichen, Sprößlinge befreiet, diesen besonders pflanzt, ohne dennoch dessen Abstammung aus jener zu verkennen und sein völliges Gewächs aus dem System der allgemeinen Metaphysik wegzulassen. Dieses tut der Vollständigkeit der letzteren keinen Abbruch und erleichtert doch den gleichförmigen Gang dieser Wissenschaft zu ihrem Zwecke, wenn man in allen Fällen, wo man der allgemeinen Körperlehre bedarf, sich nur auf das abgesonderte System derselben berufen darf, ohne jenes größere mit diesem anzuschwellen. Es ist auch in der Tat sehr merkwürdig (kann aber hier nicht ausführlich vor Augen gelegt werden), daß die allgemeine Metaphysik in allen Fällen, wo sie Beispiele (Anschauungen) bedarf, um ihren reinen Verstandesbegriffen Bedeutung zu verschaffen, diese jederzeit aus der allgemeinen Körperlehre, mithin von der Form und den Prinzipien der äußeren Anschauung hernehmen müsse, und, wenn die-| se nicht vollendet darliegen, unter lauter sinnleeren Begriffen unstet und schwankend herumtappe. Daher die bekannten Streitigkeiten, wenigstens die Dunkelheit in den Fragen: über die Möglichkeit eines Widerstreits der Realitäten, die der intensiven Größe, u. a. m., bei welchen der Verstand nur durch Beispiele aus der körperlichen Natur belehrt wird, welches die Bedingungen sind, unter denen jene Begriffe allein objektive Realität, d. i. Bedeutung und Wahrheit haben können. Und so tut eine abgesonderte Metaphysik der körperlichen Natur der allgemeinen vortreffliche und unentbehrliche Dienste, indem sie Beispiele (Fälle in concreto)

[1] Akad.-Ausg.: »und man findet«.

herbeischafft, die Begriffe und Lehrsätze der letzteren (eigentlich der Transzendentalphilosophie) zu realisieren, d. i. einer bloßen Gedankenform Sinn und Bedeutung unterzulegen.

Ich habe in dieser Abhandlung die mathematische Methode, wenn gleich nicht mit aller Strenge befolgt (wozu mehr Zeit erfoderlich gewesen wäre, als ich darauf zu verwenden hätte), dennoch nachgeahmt, nicht, um ihr durch ein Gepränge von Gründlichkeit besseren Eingang zu verschaffen, sondern weil ich glaube, daß ein solches System deren wohl fähig sei und diese Vollkommenheit auch mit der Zeit von geschickterer Hand wohl erlangen könne, wenn, durch diesen Entwurf veranlaßt, mathematische Naturforscher es nicht unwichtig finden sollten, den metaphysischen Teil, des|sen sie ohnedem nicht entübrigt sein können, in ihrer allgemeinen Physik als einen besonderen Grundteil zu behandeln und mit der mathematischen Bewegungslehre in Vereinigung zu bringen.

Newton sagt in der Vorrede zu seinen mathem. Grundlehren der Nat. Wiss. (nachdem er angemerkt hatte, daß die Geometrie von den mechanischen Handgriffen, die sie postuliert, nur zweier bedürfe, nämlich eine gerade Linie und einen Zirkel zu beschreiben): Die Geometrie ist stolz darauf, daß sie mit so Wenigem, was sie anderwärts hernimmt, so viel zu leisten vermag.* Von der Metaphysik könnte man dagegen sagen: sie steht bestürzt, daß sie mit so Vielem, als ihr die reine Mathematik darbietet, doch nur so wenig ausrichten kann. Indessen ist doch dieses Wenige etwas, das selbst die Mathematik in ihrer Anwendung auf Naturwissenschaft unumgänglich braucht, die sich also, da sie hier von der Metaphysik notwendig borgen muß, auch nicht schämen darf, sich mit ihr in Gemeinschaft sehen zu lassen.

* Gloriatur geometria, quod tam paucis principiis aliunde petitis tam multa praestet. Newton, Princ. Phil. Nat. Math. Praefat.

|A XXIV

| ERSTES HAUPTSTÜCK

METAPHYSISCHE ANFANGSGRÜNDE DER PHORONOMIE

ERKLÄRUNG 1

Materie ist das Bewegliche im Raume. Der Raum, der selbst beweglich ist, heißt der materielle, oder auch der relative Raum; der, in welchem alle Bewegung zuletzt gedacht werden muß (der mithin selbst schlechterdings unbeweglich ist), heißt der reine, oder auch absolute Raum.

Anmerkung 1

Da in der Phoronomie von nichts als Bewegung geredet werden soll, so wird dem Subjekt derselben, nämlich der Materie, hier keine andere Eigenschaft beigelegt, als die Beweglichkeit. Sie selbst kann also so lange auch für einen Punkt gelten, und man abstrahiert in der Phoronomie von aller innern Beschaffenheit, mithin auch der Größe des Beweglichen, und hat es nur mit der Bewegung und dem, was in dieser als Größe betrachtet werden | kann (Geschwindigkeit und Richtung), zu tun. – Wenn gleichwohl der Ausdruck eines Körpers hier bisweilen gebraucht werden sollte, so geschieht es nur, um die Anwendung der Prinzipien der Phoronomie auf die noch folgende bestimmtere Begriffe der Materie gewissermaßen zu antizipieren, damit der Vortrag weniger abstrakt und faßlicher sei.

Anmerkung 2

Wenn ich den Begriff der Materie nicht durch ein Prädikat, was ihr selbst als Objekt zukommt, sondern nur durch das Verhältnis zum Erkenntnisvermögen, in welchem mir die Vorstellung allererst gegeben werden kann, erklären soll, so ist Materie ein jeder Gegenstand äußerer Sinne, und dieses wäre die bloß metaphysische Erklärung derselben. Der Raum aber wäre bloß die Form aller äußeren

|A 1, 2

sinnlichen Anschauung (ob eben dieselbe auch dem äußeren Objekt, das wir Materie nennen, *an sich selbst* zukomme, oder nur in der Beschaffenheit unseres Sinnes bleibe, davon ist hier gar nicht die Frage). Die *Materie* wäre, im Gegensatz der *Form*, das, was in der äußeren Anschauung ein Gegenstand der Empfindung ist, folglich das Eigentlich-empirische der sinnlichen und äußeren Anschauung, weil es gar nicht a priori gegeben werden kann. In aller Erfahrung muß etwas empfunden werden, und das ist das Reale der sinnlichen Anschauung, folglich muß auch der Raum, in welchem wir über die Bewegungen Erfahrung anstellen sollen, empfindbar, d. i. | durch das, was empfunden werden kann, bezeichnet sein, und dieser, als der Inbegriff aller Gegenstände der Erfahrung und selbst ein Objekt derselben, heißt der *empirische Raum*. Dieser aber, als materiell, ist selbst beweglich. Ein beweglicher Raum aber, wenn seine Bewegung soll wahrgenommen werden können, setzt wiederum einen anderen erweitertern materiellen[1] Raum voraus, in welchem er beweglich ist, dieser eben sowohl einen andern, und so forthin ins Unendliche.

Also ist alle Bewegung, die ein Gegenstand der Erfahrung ist, bloß relativ; der Raum, in dem sie wahrgenommen wird, ist ein relativer Raum, der selbst wiederum, und vielleicht in entgegengesetzter Richtung, in einem erweiterten Raume bewegt, mithin auch die in Beziehung auf den erstern bewegte Materie in Verhältnis auf den zweiten Raum ruhig genannt werden kann, und diese Abänderungen des Begriffs der Bewegungen gehen mit der Veränderung des relativen Raums so ins Unendliche fort. Einen absoluten Raum, d. i. einen solchen, der, weil er nicht materiell ist, auch kein Gegenstand der Erfahrung sein kann, als *für sich gegeben* annehmen heißt etwas, das weder an sich, noch in seinen Folgen (der Bewegung im absoluten Raum) wahrgenommen werden kann, um der Möglichkeit der Erfahrung willen annehmen, die doch jederzeit ohne ihn angestellt werden muß. Der absolute Raum ist also *an sich* nichts und gar kein Objekt, sondern bedeutet nur einen jeden an-

[1] Akad.-Ausg.: »erweiterten materiellen«.

|A 3

dern relativen Raum, den ich | mir außer dem gegebenen jederzeit denken kann, und den ich nur über jeden gegebenen ins Unendliche hinausrücke, als einen solchen, der diesen einschließt und in welchem ich den ersteren als bewegt annehmen kann. Weil ich den erweiterten, obgleich immer noch materiellen, Raum nur in Gedanken habe und mir von der Materie, die ihn bezeichnet, nichts bekannt ist, so abstrahiere ich von dieser, und er wird daher wie ein reiner, nicht empirischer und absoluter Raum vorgestellt, mit dem ich jeden empirischen vergleichen und diesen in ihm als beweglich vorstellen kann, der also jederzeit als unbeweglich gilt. Ihn zum wirklichen Dinge zu machen, heißt die *logische Allgemeinheit* irgend eines Raums, mit dem ich jeden empirischen als darin eingeschlossen vergleichen kann, in eine *physische Allgemeinheit* des wirklichen Umfanges verwechseln, und die Vernunft in ihrer Idee mißverstehen.

Schließlich merke ich noch an: daß, da die *Beweglichkeit* eines Gegenstandes im Raum a priori und ohne Belehrung durch Erfahrung nicht erkannt werden kann, sie von mir eben darum in der Kritik der r. V. auch nicht unter die reine Verstandesbegriffe gezählt werden konnte, und daß dieser Begriff, als empirisch, nur in einer Naturwissenschaft, als angewandter Metaphysik, welche sich mit einem durch Erfahrung gegebenen Begriffe, obwohl nach Prinzipien a priori, beschäftigt, Platz finden könne.

| ERKLÄRUNG 2

Bewegung eines Dinges ist die Veränderung der *äußeren Verhältnisse* desselben zu einem gegebenen Raum.

Anmerkung 1

Vorher habe ich dem Begriffe der Materie schon den Begriff der Bewegung zum Grund gelegt. Denn, da ich denselben selbst unabhängig vom Begriffe der Ausdehnung bestimmen wollte, und die Materie also auch in einem Punkte

|A 4, 5

betrachten könnte[1], so durfte ich einräumen, daß man sich daselbst der gemeinen Erklärung der *Bewegung* als *Veränderung des Orts* bedienete. Jetzt, da der Begriff einer Materie allgemein, mithin auch auf bewegte Körper passend, erklärt werden soll, so reicht jene Definition nicht zu. Denn der Ort eines jeden Körpers ist ein Punkt. Wenn man die Weite des Mondes von der Erde bestimmen will, so will man die Entfernung ihrer Örter wissen, und zu diesem Ende mißt man nicht von einem beliebigen Punkte der Oberfläche, oder des Inwendigen der Erde, zu jedem beliebigen Punkte des Mondes, sondern nimmt die kürzeste Linie vom Mittelpunkte des einen[2] zum Mittelpunkte des andern, mithin ist von jedem dieser Körper nur ein Punkt, der seinen Ort ausmacht. Nun kann sich ein Körper bewegen, ohne seinen Ort zu verändern, wie die Erde, indem sie sich um ihre Achse dreht. Aber ihr Verhältnis zum äußeren Raume verändert sich hiebei | doch; denn sie kehrt z. B. in 24 Stunden dem Monde ihre verschiedene Seiten zu, woraus denn auch allerlei wandelbare Wirkungen auf der Erde erfolgen. Nur von einem beweglichen, d. i. physischen *Punkte* kann man sagen: Bewegung sei jederzeit Veränderung des Orts. Man könnte wider diese Erklärung erinnern: daß die innere Bewegung, z. B. einer Gärung nicht in ihr mit eingeschlossen sei: aber das Ding, was man bewegt nennt, muß so fern als Einheit betrachtet werden. Die Materie, als z. B. ein *Faß Bier*, ist bewegt, bedeutet also etwas anderes, als das *Bier im Fasse* ist in Bewegung. Die Bewegung eines Dinges ist mit der Bewegung in diesem Dinge nicht einerlei, von der ersteren aber ist hier nur die Rede. Dieses Begriffs Anwendung aber auf den zweiten Fall ist nachher leicht.

Anmerkung 2

Die Bewegungen können *drehend* (ohne Veränderung des Orts) oder fortschreitend, diese aber entweder den Raum erweiternd, oder auf einen gegebenen Raum eingeschränkte Bewegungen sein. Von der *ersteren* Art sind sie

[1] Akad.-Ausg.: »konnte«. – [2] Akad.-Ausg.: »der einen«.

|A 6

geradlinichte, oder auch krummlinichte, in sich nicht zurückkehrende Bewegungen. Die von der zweiten sind die in sich zurückkehrende. Die letztern sind wiederum entweder zirkulierende oder oszillierende, d.i. Kreis-, oder schwankende Bewegungen. Die erstern legen eben denselben Raum immer in derselben Richtung, die zweiten immer wechselsweise in entgegengesetzter Rich|tung zurück, wie schwankende Penduln. Zu beiden gehört noch Bebung (motus tremulus), welche nicht eine fortschreitende Bewegung eines Körpers, dennoch aber eine reziprozierende Bewegung einer Materie ist, die dabei ihre Stelle im Ganzen nicht verändert, wie die Zitterungen einer geschlagenen Glocke, oder die Bebungen einer durch den Schall in Bewegung gesetzten Luft. Ich tue dieser verschiedenen Arten der Bewegung bloß darum in einer Phoronomie Erwähnung, weil man bei allen, die nicht fortschreitend sind, sich des Worts Geschwindigkeit gemeiniglich in anderer Bedeutung bedient, als bei den fortschreitenden, wie die folgende Anmerkung zeigt.

Anmerkung 3

In jeder Bewegung sind Richtung und Geschwindigkeit die beiden Momente der Erwägung derselben, wenn man von allen anderen Eigenschaften des Beweglichen abstrahiert. Ich setze hier die gewöhnliche Definition beider voraus; allein die der Richtung bedarf noch verschiedener Einschränkungen. Ein im Kreise bewegter Körper verändert seine Richtung kontinuierlich, so, daß er bis zu seiner Rückkehr zum Punkte, von dem er ausging, alle in einer Fläche nur mögliche Richtungen eingeschlagen ist, und doch sagt man: er bewege sich immer in derselben Richtung, z. B. der Planet von Abend gegen Morgen.

Allein, was ist hier die Seite, nach der die Bewegung gerichtet ist? eine Frage, die mit der eine Ver|wandtschaft hat: worauf beruht der innere Unterschied der Schnecken, die sonst ähnlich und so gar gleich, aber davon eine Spezies rechts, die andere links gewunden ist; oder des Windens der

|A 7, 8

Schwertbohnen und des Hopfens, deren die erstere wie ein Pfropfenzieher, oder, wie die Seeleute es ausdrücken würden, *wider die Sonne*, der andere *mit der Sonne* um ihre Stange laufen? ein Begriff, der sich zwar konstruieren, aber, als Begriff, für sich durch allgemeine Merkmale und in der diskursiven Erkenntnisart gar nicht deutlich machen läßt, und der in den Dingen selbst (z. B. an denen seltenen Menschen, bei denen die Leicheneröffnung aller Teile[1] nach der physiologischen Regel mit andern Menschen einstimmig, nur alle Eingeweide links oder rechts, wider die gewöhnliche Ordnung versetzt fand) keinen erdenklichen Unterschied in den innern Folgen geben kann und demnach ein wahrhafter mathematischer und zwar innerer Unterschied ist, womit der von dem Unterschiede zweier sonst in allen Stücken gleichen, der Richtung nach aber verschiedenen Kreisbewegungen, obgleich nicht völlig einerlei, dennoch aber zusammenhängend ist. Ich habe anderwärts gezeigt, daß, da sich dieser Unterschied zwar in der Anschauung geben, aber gar nicht auf deutliche Begriffe bringen, mithin nicht verständlich erklären (dari, non intelligi) läßt, er einen guten bestätigenden Beweisgrund zu dem Satze abgebe: daß der Raum überhaupt nicht zu den Eigenschaften oder Verhältnissen *der Dinge an sich selbst*, die sich notwendig | auf objektive Begriffe müßten bringen lassen, sondern bloß zu der subjektiven Form unserer sinnlichen Anschauung von Dingen oder Verhältnissen, die uns, nach dem, was sie an sich sein mögen, völlig unbekannt bleiben, gehöre. Doch dies ist eine Abschweifung von unserem jetzigen Geschäfte, in welchem wir den Raum ganz notwendig als *Eigenschaft* der Dinge, die wir in Betrachtung ziehen, nämlich *körperlicher Wesen*, behandeln müssen, weil diese selbst nur Erscheinungen äußerer Sinne sind und nur als solche hier erklärt zu werden bedürfen. Was den Begriff der Geschwindigkeit betrifft, so bekommt dieser Ausdruck im Gebrauche auch bisweilen eine abweichende Bedeutung. Wir sagen: die Erde dreht sich geschwinder um ihre Achse als die Sonne, weil sie es in kürzerer Zeit tut; obgleich die Bewegung der

[1] Akad.-Ausg.: »alle Teile«.

|A 9

letzteren viel geschwinder ist. Der Blutumlauf eines kleinen Vogels ist viel geschwinder, als der eines Menschen, obgleich seine strömende Bewegung im ersteren ohne Zweifel weniger Geschwindigkeit hat, und so auch bei den Bebungen elastischer Materien. Die Kürze der Zeit der Wiederkehr, es sei der zirkulierenden oder oszillierenden Bewegung, macht den Grund dieses Gebrauchs aus, an welchem, wenn sonst nur die Mißdeutung vermieden wird, man auch nicht unrecht tut. Denn diese bloße Vergrößerung der Eile in der Wiederkehr, ohne Vergrößerung der räumlichen Geschwindigkeit, hat ihre eigene und sehr erhebliche Wirkungen in der Natur, worauf, in dem Zirkellauf der Säf|te der Tiere, vielleicht noch nicht gnug Rücksicht genommen worden. In der Phoronomie brauchen wir das Wort Geschwindigkeit bloß in räumlicher Bedeutung $C = \frac{S}{T}$.

ERKLÄRUNG 3

Ruhe ist die beharrliche Gegenwart (praesentia perdurabilis) an demselben Orte; *beharrlich* aber ist das, was eine Zeit hindurch existiert, d. i. dauret.

Anmerkung

Ein Körper, der in Bewegung ist, ist in jedem Punkte der Linie, die er durchläuft, einen Augenblick. Es frägt sich nun, ob er darin ruhe, oder sich bewege. Ohne Zweifel wird man das letztere sagen; denn er ist in diesem Punkte nur so fern, als er sich bewegt, gegenwärtig. Man nehme aber die Bewegung desselben so an:

A B a
o——o . . o,

daß der Körper mit gleichförmiger Geschwindigkeit die Linie AB vorwärts und rückwärts von B nach A zurücklege, so daß, weil der Augenblick, da er in B ist, beiden Bewegungen gemein ist, die Bewegung von A nach B in $^1/_2$ Sek., die von B nach A aber auch in $1/2$ Sek., beide zusammen aber in einer ganzen Sekunde zurückgelegt worden, so daß auch nicht der kleinste Teil der Zeit auf die Gegenwart des Körpers in B aufgewandt worden: so wird, ohne den mindesten Zuwachs dieser Bewegungen, | die letztere, die in der Richtung BA geschahe, in die nach der Richtung Ba, welches mit AB in einer geraden Linie liegt, verwandelt werden können, wo denn der Körper, indem er in B ist, darin nicht als ruhig, sondern als bewegt angesehen werden muß. Er mußte daher auch in der ersteren in sich selbst wiederkehrenden Bewegung in dem Punkte B als bewegt angesehen werden, welches aber unmöglich ist; weil, nach dem, was angenommen worden, es nur ein Augenblick ist, der zur Bewegung AB und zugleich zur gleichen Bewegung BA gehört, die der vorigen entgegengesetzt und mit ihr in einem und demselben Augenblicke verbunden ist, völligen[1] Mangel der Bewegung, folglich, wenn dieser den Begriff der Ruhe ausmachte, auch in der gleichförmigen Bewegung Aa Ruhe des Körpers in jedem Punkte, z. B. in B, beweisen müßte, welches der obigen Behauptung widerspricht. Man stelle sich dagegen die Linie AB als über den Punkt A aufgerichtet vor, so, daß ein Körper von A nach B steigend, nachdem[2] er durch die Schwere im Punkte B seine Bewegung verloren hat, von B nach A eben so wiederum zurückfalle: so frage ich, ob der Körper in B als bewegt, oder als ruhig angesehen werden könne. Ohne Zweifel wird man sagen, als ruhig: weil ihm alle vorherige Bewegung genommen worden, nachdem er diesen Punkt erreicht hat, und hernach eine gleichmäßige Bewegung zurück allererst folgen soll, folglich noch nicht da ist; der Mangel aber der Bewegung, wird man hinzusetzen, ist Ruhe. Aber in dem ersteren | Falle einer angenommenen gleichförmigen Bewegung konnte die Bewegung BA auch nicht anders eintreten, als dadurch, daß vorher die Bewegung AB aufgehört hatte und die von B nach A noch nicht war, folglich, daß in B ein Mangel aller Bewegung, und, nach der gewöhnlichen Erklärung, Ruhe müßte an-

[1] Akad.-Ausg.: »verbunden, völligen«. – [2] Akad.-Ausg.: »steige und, nachdem«.

genommen werden, aber man durfte sie doch nicht annehmen, weil, bei einer gegebenen Geschwindigkeit, kein Körper in einem Punkte seiner gleichförmigen Bewegung als ruhend gedacht werden muß. Worauf beruht denn im zweiten Falle die Anmaßung des Begriffs der Ruhe, da doch dieses Steigen und Fallen gleichfalls nur durch einen Augenblick von einander getrennt wird? Der Grund davon liegt darin, daß die letztere Bewegung nicht als gleichförmig mit gegebener Geschwindigkeit gedacht wird, sondern zuerst als gleichförmig verzögert und hernach als gleichförmig beschleunigt, so doch, daß die Geschwindigkeit im Punkte B nicht gänzlich, sondern nur bis zu einem Grad, der[1] kleiner ist als jede nur anzugebende Geschwindigkeit, mit welcher, wenn, anstatt zurück zu fallen, die Linie seines Falles BA in die Richtung Ba gestellet, mithin der Körper immer noch als steigend betrachtet würde, er, als mit einem bloßen Moment der Geschwindigkeit (der Widerstand der Schwere wird alsdenn bei Seite gesetzt), in jeder noch so großen anzugebenden Zeit gleichförmig doch nur einen Raum, der kleiner ist als jeder anzugebende Raum, zurücklegen, mithin seinen Ort (für irgend eine mögliche Erfahrung) in alle Ewigkeit gar | nicht verändern würde. Folglich wird er in den Zustand einer daurenden Gegenwart an demselben Orte, d. i. der Ruhe, versetzt, ob sie gleich wegen der kontinuierlichen Einwirkung der Schwere, d. i. der Veränderung dieses Zustandes, so fort aufgehoben wird. In einem beharrlichen Zustande sein und darin beharren (wenn nichts anderes ihn verrückt) sind zwei verschiedene Begriffe, deren einer dem anderen keinen Abbruch tut. Also kann die Ruhe nicht durch den Mangel der Bewegung, der sich, als = o, gar nicht konstruieren läßt, sondern muß durch die beharrliche Gegenwart an demselben Orte erklärt werden, da denn dieser Begriff auch durch die Vorstellung einer Bewegung mit unendlich kleiner Geschwindigkeit, eine endliche Zeit hindurch konstruiert, mithin zu nachheriger Anwendung der Mathematik auf Naturwissenschaft genutzt werden kann.

[1] Akad.-Ausg.: »Grad verzögert werde, der«.

|A 13

ERKLÄRUNG 4

Den Begriff einer zusammengesetzten Bewegung konstruieren heißt eine Bewegung, so fern sie aus zweien oder mehreren gegebenen in einem Beweglichen vereinigt entspringt, a priori in der Anschauung darstellen.

Anmerkung

Zur Konstruktion der Begriffe wird erfodert: daß die Bedingung ihrer Darstellung nicht von der Erfahrung entlehnt sei, also auch nicht gewisse Kräfte voraussetze, | deren Existenz nur von der Erfahrung abgeleitet werden kann, oder überhaupt, daß die Bedingung der Konstruktion nicht selbst ein Begriff sein müsse, der gar nicht a priori in der Anschauung gegeben werden kann, wie z. B. der von Ursache und Wirkung, Handlung und Widerstand etc. Hier ist nun vorzüglich zu bemerken: daß Phoronomie durchaus zuerst Konstruktion der Bewegungen überhaupt als Größen, und, da sie die Materie bloß als etwas Bewegliches, mithin an welchem gar auf keine Größe derselben Rücksicht genommen wird, zum Gegenstande hat, diese Bewegungen allein als Größen, so wohl ihrer Geschwindigkeit als Richtung nach, und zwar ihrer Zusammensetzung nach a priori zu bestimmen habe. Denn so viel muß gänzlich a priori und zwar anschauend zum Behuf der angewandten Mathematik ausgemacht werden. Denn die Regeln der Verknüpfung der Bewegungen durch physische Ursachen, d. i. Kräfte, lassen sich, ehe die Grundsätze ihrer Zusammensetzung überhaupt vorher rein mathematisch zum Grunde gelegt worden, niemals gründlich vortragen.

GRUNDSATZ 1[1]

Eine jede Bewegung, als Gegenstand einer möglichen Erfahrung, kann nach Belieben, als Bewegung des Körpers in einem ruhigen Raume, oder als Ruhe des Körpers und da-

[1] Akad.-Ausg.: »Grundsatz«.

|A 14

gegen Bewegung des Raumes in entgegengesetzter | Richtung mit gleicher Geschwindigkeit angesehen werden.

Anmerkung

Von der Bewegung eines Körpers eine Erfahrung zu machen, dazu wird erfodert: daß nicht allein der Körper, sondern auch der Raum, darin er sich bewegt, Gegenstände der äußern Erfahrung, mithin materiell sein[1]. Eine absolute Bewegung also, d. i. in Beziehung auf einen nicht materiellen Raum, ist gar keiner Erfahrung fähig und für uns also nichts (wenn man gleich einräumen wollte, der absolute Raum sei an sich etwas). Aber auch in aller relativen Bewegung kann der Raum selbst, weil er als materiell angenommen wird, wiederum als ruhig oder bewegt vorgestellt werden. Das erstere geschieht, wenn mir über den Raum, in Beziehung auf welchen ich einen Körper als bewegt ansehe, kein mehr erweiterter und ihn einschließender gegeben ist (wie wenn ich in der Kajüte eines Schiffs eine Kugel auf dem Tische bewegt sehe); das zweite, wenn mir über diesen Raum hinaus noch ein anderer Raum, der ihn einschließt (wie im genannten Falle das Ufer des Flusses), gegeben ist, da ich denn in Ansehung des letzteren den nächsten Raum (die Kajüte) als bewegt und den Körper selbst allenfalls als ruhig ansehen kann. Da es nun schlechterdings unmöglich ist, von einem empirisch gegebenen Raume, wie erweitert er auch sei, auszumachen, ob er nicht in Ansehung eines in einem noch größeren | Umfange ihn einschließenden Raumes selbst wiederum bewegt sei, oder nicht, so muß es aller Erfahrung und jeder Folge aus der Erfahrung völlig einerlei sein, ob ich einen Körper als bewegt, oder ihn als ruhig, den Raum aber in entgegengesetzter Richtung mit gleicher Geschwindigkeit bewegt ansehen will. Noch mehr; da der absolute Raum für alle mögliche Erfahrung nichts ist, so sind auch die Begriffe einerlei, ob ich sage: ein Körper bewegt sich in Ansehung dieses gegebenen Raumes in dieser Richtung mit dieser Geschwindigkeit,

[1] Akad.-Ausg.: »seien«.

oder ob ich ihn mir als ruhig denken, und dem Raum alles dieses, aber in entgegengesetzter Richtung, beilegen will. Denn ein jeder Begriff ist mit demjenigen, von dessen Unterschiede vom ersteren gar kein Beispiel möglich ist, völlig einerlei und nur in Beziehung auf die Verknüpfung, die wir ihm im Verstande geben wollen, verschieden.

Auch sind wir gar nicht im Stande, in irgend einer Erfahrung einen festen Punkt anzugeben, in Beziehung auf welchen, was Bewegung und Ruhe absolut heißen sollte, bestimmt würde; denn alles, was uns auf die Art gegeben wird, ist materiell, also auch beweglich, und (da wir im Raume keine äußerste Grenze möglicher Erfahrung kennen) vielleicht auch wirklich bewegt, ohne daß wir diese Bewegung woran wahrnehmen können. – Von dieser Bewegung eines Körpers im empirischen Raume kann ich nun einen Teil der gegebenen Geschwindigkeit dem Körper, den andern dem Raume, aber in entgegengesetz|ter Richtung, geben, und die ganze mögliche Erfahrung in Ansehung der Folgen dieser zwei verbundenen Bewegungen ist völlig einerlei mit derjenigen, da ich den Körper mit der ganzen Geschwindigkeit allein bewegt, oder ihn als ruhig und den Raum mit derselben Geschwindigkeit in entgegengesetzter Richtung bewegt denke. Ich nehme hier aber alle Bewegungen als geradlinicht an. Denn, was die krummlinichte betrifft, da es nicht in allen Stücken einerlei ist, ob ich den Körper (z. B. die Erde in ihrer täglichen Umdrehung) als bewegt und den umgebenden Raum (den bestirnten Himmel) als ruhig, oder diesen als bewegt und jenen als ruhig anzusehen befugt bin, davon wird in der Folge besonders gehandelt werden. In der Phoronomie also, wo ich die Bewegung eines Körpers nur mit dem Raume (auf dessen Ruhe oder Bewegung jener gar keinen Einfluß hat) in Verhältnis betrachte, ist es an sich ganz unbestimmt und beliebig, ob und wie viel ich Geschwindigkeit dem einen oder dem andern von der gegebenen Bewegung beilegen will; künftig in der Mechanik, da ein bewegter Körper in wirksamer Beziehung auf andere Körper im Raume seiner Bewegung betrachtet werden soll, wird dieses nicht mehr so völlig einerlei sein, wie es an seinem Orte gezeigt werden soll.

|A 17

ERKLÄRUNG 5

Die Zusammensetzung der Bewegung ist die Vorstellung der Bewegung eines Punkts | als einerlei mit zweien oder mehreren Bewegungen desselben zusammen verbunden.

Anmerkung

In der Phoronomie, da ich die Materie durch keine andere Eigenschaft als ihre Beweglichkeit kenne, mithin sie selbst nur als einen Punkt betrachten darf, kann die Bewegung nur als Beschreibung eines Raumes betrachtet werden, doch so, daß ich nicht bloß, wie in der Geometrie, auf den Raum, der beschrieben wird, sondern auch auf die Zeit darin, mithin auf die Geschwindigkeit, womit ein Punkt den Raum beschreibt, Acht habe. Phoronomie ist also die reine Größenlehre (mathesis) der Bewegungen. Der bestimmte Begriff von einer Größe ist der Begriff der Erzeugung der Vorstellung eines Gegenstandes durch die Zusammensetzung des Gleichartigen. Da nun der Bewegung nichts gleichartig ist, als wiederum Bewegung, so ist die Phoronomie eine Lehre der Zusammensetzung der Bewegungen eben desselben Punkts nach ihrer Richtung und Geschwindigkeit, d. i. die Vorstellung einer einzigen Bewegung, als einer solchen, die zwei und so mehrere Bewegungen zugleich in sich enthält, oder zweier Bewegungen eben desselben Punkts zugleich, so ferne sie zusammen eine ausmachen, d. i. mit dieser einerlei sind, und nicht etwa so fern sie die letztere, als Ursachen ihre Wirkung, hervorbringen. Um die Bewegung zu finden, die aus der Zusammensetzung von mehreren, so viel man will, | entspringt, darf man nur, wie bei aller Größenerzeugung, zuerst diejenige suchen, die unter gegebenen Bedingungen aus zweien zusammengesetzt ist; darauf diese mit einer dritten verbunden[1] u.s.w. Folglich läßt die Lehre der Zusammensetzung aller Bewegungen sich auf die von zweien zurückführen. Zwei Bewegungen aber eines und desselben Punkts, die zugleich an demselben angetroffen werden, können auf zwiefache Weise un-

[1] Akad.-Ausg.: »verbinden«.

terschieden sein, und, als solche, auf dreifache Art an ihm verbunden werden. Erstlich geschehen sie entweder in einer und derselben Linie, oder in verschiedenen Linien zugleich; die letztere sind Bewegungen, die einen Winkel einschließen. Die, so in einer und derselben Linie geschehen, sind nun der Richtung nach entweder einander entgegengesetzt, oder halten einerlei Richtung. Da alle diese Bewegungen als zugleich geschehend betrachtet werden, so ergibt sich aus dem Verhältnis der Linien, d. i. der beschriebenen Räume der Bewegung, in gleicher Zeit, so fort auch das Verhältnis der Geschwindigkeit. Also sind der Fälle drei. 1) Da zwei Bewegungen (sie mögen von gleichen oder ungleichen Geschwindigkeiten sein), in einem Körper in derselben Richtung verbunden, eine daraus zusammengesetzte Bewegung ausmachen sollen. 2) Da zwei Bewegungen desselben Punkts (von gleicher oder ungleicher Geschwindigkeit) in entgegengesetzter Richtung verbunden durch ihre Zusammensetzung eine dritte Bewegung in derselben Linie ausmachen sollen. 3) Da zwei Bewegungen | eines Punkts, mit gleichen oder ungleichen Geschwindigkeiten, aber in verschiedenen Linien, die einen Winkel einschließen, als zusammengesetzt betrachtet werden.

LEHRSATZ 1[1]

Die Zusammensetzung zweier Bewegungen eines und desselben Punkts kann nur dadurch gedacht werden, daß die eine derselben im absoluten Raume, statt der anderen aber eine mit der gleichen Geschwindigkeit in entgegengesetzter Richtung geschehende Bewegung des relativen Raums, als mit derselben einerlei, vorgestellt wird.

Beweis

Erster Fall. Da zwei Bewegungen in eben derselben Linie und Richtung einem und demselben Punkte zugleich zukommen.

[1] Akad.-Ausg.: »Lehrsatz«.

|A 20

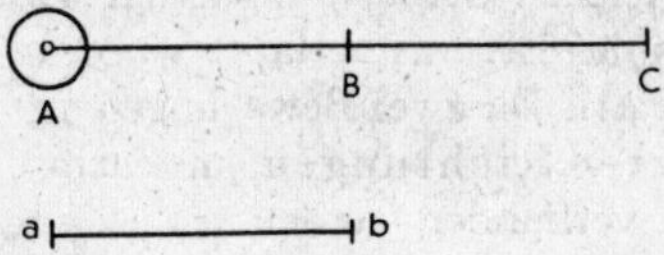

Es sollen in einer Geschwindigkeit der Bewegung zwei Geschwindigkeiten AB und ab als enthalten vorgestellt werden. Man nehme diese Geschwindigkeiten für diesmal als gleich an, so daß AB = ab ist, so sage ich, sie können in einem und demselben Raum (dem absoluten oder dem relativen) an demselben Punkte nicht zugleich vorgestellt werden. Denn, weil die | Linien AB und ab, welche die Geschwindigkeiten bezeichnen, eigentlich die Räume sind, welche sie in gleichen Zeiten durchlaufen, so würde die Zusammensetzung dieser Räume AB und ab = BC, mithin die Linie AC, als die Summe der Räume, die Summe beider Geschwindigkeiten ausdrücken müssen. Aber die Teile AB und BC stellen, jede für sich[1], nicht die Geschwindigkeit = ab vor; denn sie werden nicht in gleicher Zeit wie ab zurückgelegt. Also stellt auch die doppelte Linie AC, die in derselben Zeit zurückgelegt wird, wie die Linie ab, nicht die zwiefache Geschwindigkeit der letztern vor, welches doch verlangt wurde. Also läßt sich die Zusammensetzung zweier Geschwindigkeiten in einer Richtung *in demselben Raume* nicht anschaulich darstellen.

Dagegen, wenn der Körper A mit der Geschwindigkeit AB im absoluten Raume als bewegt vorgestellt wird, und ich gebe überdem dem relativen Raume eine Geschwindigkeit ab = AB in entgegengesetzter Richtung ba = CB, so ist dieses eben dasselbe, als ob ich die letztere Geschwindigkeit dem Körper in der Richtung AB erteilt hätte (Grundsatz 1)[2]. Der Körper bewegt sich aber alsdenn in derselben Zeit durch die Summe der Linien AB und BC = 2 ab, in welcher er die Linie ab = AB allein würde zurückgelegt haben, und seine Geschwindigkeit ist doch als die Summe

[1] Akad.-Ausg.: »stellen, jeder für sich«. – [2] Akad.-Ausg.: »(Grundsatz)«.

|A 21

der | zweien gleichen Geschwindigkeiten AB und ab vorgestellt, welches das ist, was verlangt wurde.

Zweiter Fall. Da zwei Bewegungen in gerade entgegengesetzten Richtungen an einem und demselben Punkte sollen verbunden werden.

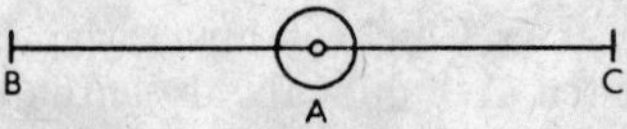

Es sei AB die eine dieser Bewegungen und AC die andere in entgegengesetzter Richtung, deren Geschwindigkeit wir hier der ersten gleich annehmen wollen: so würde der Gedanke selbst, zwei solche Bewegungen in einem und demselben Raume an eben demselben Punkte als zugleich vorzustellen, mithin der Fall einer solchen Zusammensetzung der Bewegungen selbst unmöglich sein, welches der Voraussetzung zuwider ist.

Dagegen denket euch die Bewegung AB im absoluten Raume, statt der Bewegung AC aber, in demselben absoluten Raume, die entgegengesetzte CA des relativen Raumes mit eben derselben Geschwindigkeit, die (nach Grundsatz 1)[1] der Bewegung AC völlig gleich gilt und also gänzlich an die Stelle derselben gesetzt werden kann: so lassen sich zwei gerade entgegengesetzte und gleiche Bewegungen desselben Punkts zu gleicher Zeit gar wohl darstellen. Weil nun der relative Raum mit derselben Geschwindigkeit CA = AB | in derselben Richtung mit dem Punkte A bewegt ist, so verändert dieser Punkt, oder der in ihm befindliche Körper, in Ansehung des relativen Raumes seinen Ort nicht, d. i. ein Körper, der nach zwei einander gerade entgegengesetzten Richtungen mit gleicher Geschwindigkeit bewegt wird, ruhet, oder, allgemein ausgedrückt: seine Bewegung ist der Differenz der Geschwindigkeiten in der Richtung der größeren gleich (welches sich aus dem Bewiesenen leicht folgern läßt).

Dritter Fall. Da zwei Bewegungen eben desselben Punkts, nach Richtungen, die einen Winkel einschließen, verbunden vorgestellt werden.

[1] Akad.-Ausg.: »(Grundsatz)«.

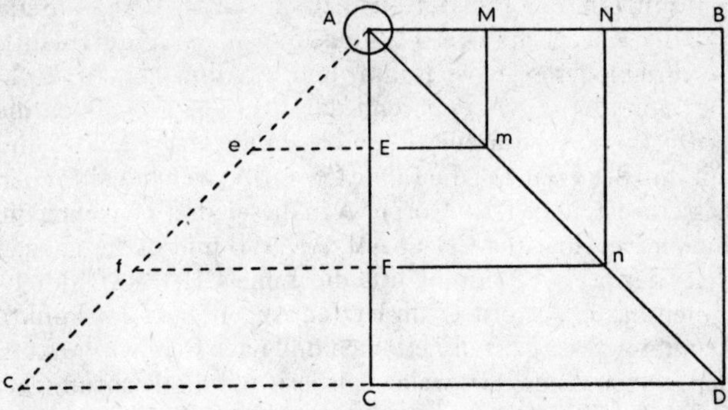

Die zwei gegebenen Bewegungen sind AB und AC, deren Geschwindigkeit und Richtungen durch diese Linien, der Winkel aber, den die letztere einschließen, durch BAC ausgedruckt wird (er mag, wie hier, ein rechter, aber auch ein jeder beliebiger schiefer Winkel sein). Wenn nun diese zwei Bewegungen zugleich | in den Richtungen AB und AC und zwar in einem und demselben Raume geschehen sollen: so würde[1] sie doch nicht in diesen beiden *Linien* AB und AC zugleich geschehen können, sondern nur in Linien, die diesen parallel laufen. Es würde also angenommen werden müssen: daß eine dieser Bewegungen in der anderen eine Veränderung (nämlich die Abbringung von der gegebenen Bahn) wirkte, wenn gleich beiderseits Richtungen dieselbe blieben. Dieses ist aber der Voraussetzung des Lehrsatzes zuwider, welche unter dem Worte Zusammensetzung andeutet: daß beide gegebene Bewegungen in einer dritten *enthalten*, mithin mit dieser einerlei sein[2], und nicht, daß, indem eine die andere *verändert*, sie eine dritte hervorbringen.

Dagegen nehme man die Bewegung AC als im absoluten Raume vor sich gehend an, anstatt der Bewegung AB aber die Bewegung des relativen Raumes in entgegengesetzter Richtung. Die Linie AC sei in drei gleiche Teile AE, EF, FC geteilt. Während daß nun der Körper A im absoluten Raume die Linie AE durchläuft, durchläuft der relative Raum,

[1] Akad.-Ausg.: »würden«. – [2] Akad.-Ausg.: »seien«.

|A 24

und mit ihm der Punkt E, den Raum Ee = MA; während daß der Körper die zwei Teile zusammen = AF durchläuft, beschreibt der relative Raum, und mit ihm der Punkt F, die Linie Ff = NA; während daß der Körper endlich die ganze Linie AC durchläuft, so beschreibt der Raum[1], und mit ihm der Punkt C, die Li|nie Cc = BA; welches alles eben dasselbe ist, als ob der Körper A in diesen drei Zeitteilen die Linien Em, Fn, und CD = AM, AN, AB und in der ganzen Zeit, darin er AC durchläuft, die Linie CD = AB durchlaufen hätte. Also ist er im letzten Augenblicke im Punkte D und in dieser ganzen Zeit nach und nach in allen Punkten der Diagonallinie AD, welche also sowohl die Richtung, als Geschwindigkeit der zusammengesetzten Bewegung ausdrückt.

Anmerkung 1

Die geometrische Konstruktion erfodert, daß eine Größe mit der andern, oder zwei Größen in der Zusammensetzung mit einer dritten einerlei sein[2], nicht daß sie als Ursachen die dritte hervorbringen, welches die mechanische Konstruktion sein würde. Die völlige Ähnlichkeit und Gleichheit, so fern sie nur in der Anschauung erkannt werden kann, ist die Kongruenz. Alle geometrische Konstruktion der völligen Identität beruht auf Kongruenz. Diese Kongruenz zweier zusammenverbundenen Bewegungen mit einer dritten (als dem motu composito selbst) kann nun niemals Statt haben, wenn jene beide in einem und demselben Raume, z. B. dem relativen vorgestellt werden. Daher sind alle Versuche, obigen Lehrsatz in seinen drei Fällen zu beweisen, immer nur mechanische Auflösungen gewesen, da man nämlich bewegende Ursachen durch die eine gegebene Bewegung mit einer andern verbunden eine drit|te hervorbringen ließ, nicht aber Beweise, daß jene mit dieser einerlei sind, und sich, als solche, in der reinen Anschauung a priori darstellen lassen.

[1] Akad.-Ausg.: »der relative Raum«. – [2] Akad.-Ausg.: »seien«.

|A 25, 26

Anmerkung 2

Wenn z. B. eine Geschwindigkeit AB doppelt genannt wird: so kann darunter nichts anders verstanden werden, als daß sie aus zwei einfachen und gleichen AB und BC (siehe Fig. 1) bestehe. Erklärt man aber eine doppelte Geschwindigkeit dadurch, daß man sagt, sie sei eine Bewegung, dadurch in derselben Zeit ein doppelt so großer Raum zurückgelegt wird, so wird hier etwas angenommen, was sich nicht von selbst versteht, nämlich: daß sich zwei gleiche Geschwindigkeiten eben so verbinden lassen, als zwei gleiche Räume, und es ist nicht für sich klar, daß eine gegebene Geschwindigkeit aus kleinern und eine Schnelligkeit aus Langsamkeiten eben so bestehe, wie ein Raum aus kleineren; denn die Teile der Geschwindigkeit sind nicht außerhalb einander, wie die Teile des Raumes, und wenn jene als Größe betrachtet werden soll, so muß der Begriff ihrer Größe, da sie *intensiv* ist, auf andere Art konstruiert werden, als der in der[1] *extensiven* Größe des Raumes. Diese Konstruktion ist aber auf keine andere Art möglich, als durch die *mittelbare* Zusammensetzung zweier gleichen Bewegungen, deren eine die des Körpers, die andere des relativen Raumes in entgegengesetzter Richtung, aber eben darum mit einer ihr gleichen Bewegung des Körpers in der vorigen Richtung völlig einerlei ist. | Denn in *derselben Richtung* lassen sich zwei gleiche Geschwindigkeiten in einem Körper gar nicht zusammensetzen, als nur durch äußere bewegende Ursachen, z. B. ein Schiff, welches den Körper mit einer dieser Geschwindigkeiten trägt, indessen daß eine andere mit dem Schiffe unbeweglich verbundene bewegende Kraft dem Körper die zweite, der vorigen gleiche, Geschwindigkeit eindrückt; wobei doch immer vorausgesetzt werden muß: daß der Körper sich mit der ersten Geschwindigkeit in *freier* Bewegung erhalte, indem die zweite hinzukommt; welches ein Naturgesetz bewegender Kräfte ist, wovon gar nicht die Rede sein kann, wenn die Frage lediglich ist, wie der Begriff der Geschwindigkeit

[1] Akad.-Ausg.: »der der«.

|A 27

als eine Größe[1] *konstruieret* werde. So viel von der Hinzutuung der Geschwindigkeiten zu einander. Wenn aber von der Abziehung einer von der anderen die Rede ist, so läßt sich zwar diese letztere leicht *denken*, wenn einmal die Möglichkeit einer Geschwindigkeit als Größe durch Hinzutuung eingeräumt worden, aber jener Begriff läßt sich nicht so leicht *konstruieren*. Denn zu dem Ende müssen zwei entgegengesetzte Bewegungen in einem Körper verbunden werden; aber wie soll dieses geschehen? Unmittelbar, d. i. in Ansehung eben desselben ruhenden Raumes ist es unmöglich, sich zwei gleiche Bewegungen in entgegengesetzter Richtung an demselben Körper zu denken; aber die Vorstellung der Unmöglichkeit dieser beiden Bewegungen in einem Körper ist nicht der Begriff von der *Ruhe* desselben, sondern der *Unmöglich|keit* der *Konstruktion* dieser Zusammensetzung entgegengesetzter Bewegungen, die doch im Lehrsatz als möglich angenommen wird. Diese Konstruktion ist aber nicht anders möglich, als durch die Verbindung der Bewegung des Körpers mit der *Bewegung des Raums*, wie gewiesen worden. Endlich, was die Zusammensetzung zweier Bewegungen, deren Richtung einen Winkel einschließt, betrifft, so läßt sie sich an dem Körper in Beziehung auf einen und denselben Raum gleichfalls nicht denken, wenn man nicht gar eine derselben durch *äußere* kontinuierlich einfließende *Kraft* (z. E. ein den Körper forttragendes Fahrzeug) gewirkt, die andern als sich selbst hiebei unverändert erhaltend, annimmt, oder überhaupt, man muß bewegende Kräfte und Erzeugung einer dritten Bewegung aus zwei vereinigten *Kräften* zum Grunde legen, welches zwar die *mechanische* Ausführung dessen, was ein Begriff enthält, aber nicht die *mathematische Konstruktion* derselben ist, die nur anschaulich machen soll, was das Objekt (als Quantum) *sei*; nicht wie es durch Natur oder Kunst vermittelst gewisser Werkzeuge und Kräfte *hervorgebracht* werden könne. – Die Zusammensetzung der Bewegungen, um ihr Verhältnis zu andern als Größe zu bestimmen, muß nach den Regeln der Kongruenz

[1] Akad.-Ausg.: »einer Größe«.

|A 28

geschehen, welches in allen dreien Fällen nur vermittelst der Bewegung des Raums, die mit einer der zwei gegebenen Bewegungen kongruiert, und dadurch beide mit der zusammengesetzten kongruieren, möglich ist.

| Anmerkung 3

Phoronomie, nicht als reine Bewegungslehre, sondern bloß als reine Größenlehre der Bewegung, in welcher die Materie nach keiner Eigenschaft mehr als der bloßen Beweglichkeit gedacht wird, enthält also nichts mehr als bloß diesen einzigen, durch die angeführte drei Fälle geführten Lehrsatz von der Zusammensetzung der Bewegung und zwar von der Möglichkeit der geradlinichten Bewegung allein, nicht der krummlinichten. Denn, weil in dieser die Bewegung kontinuierlich (der Richtung nach) verändert wird, so muß eine Ursache dieser Veränderung, welche nun nicht der bloße Raum sein kann, herbeigezogen werden. Daß man aber gewöhnlich unter der Benennung der zusammengesetzten Bewegung nur den einzigen Fall, da die Richtungen derselben einen Winkel einschließen, verstand, dadurch ward zwar wohl eben nicht der Physik, wohl aber dem Prinzip der Einteilung einer reinen philosophischen Wissenschaft überhaupt einiger Abbruch getan. Denn was die erstere betrifft, so lassen sich alle im obigen Lehrsatze behandelte drei Fälle im dritten allein hinreichend darstellen. Denn, wenn der Winkel, den die zwei gegebenen Bewegungen einschließen, als unendlich klein gedacht wird, so enthält er den ersten; wird er aber als von einer einzigen geraden Linie nur unendlich wenig unterschieden vorgestellt, so enthält er den zweiten Fall; so daß sich freilich in dem bekannten Lehrsatze der zusammengesetzten Bewegung alle drei von uns genannte Fälle, | als in einer allgemeinen Formel, geben lassen. Man konnte aber auf diese Art nicht wohl die Größenlehre der Bewegung nach ihren Teilen a priori einsehen lernen, welches in mancher Absicht auch seinen Nutzen hat.

Hat jemand Lust, die gedachten drei Teile des allgemeinen phoronomischen Lehrsatzes an das Schema der Ein-

|A 29, 30

teilung aller reinen Verstandesbegriffe, namentlich hier der des Begriffs der Größe zu halten, so wird er bemerken: daß, da der Begriff einer Größe jederzeit den der Zusammensetzung des Gleichartigen enthält, die Lehre der Zusammensetzung der Bewegungen zugleich die reine Größenlehre derselben sei, und zwar nach allen drei Momenten, die der Raum an die Hand gibt, der Einheit der Linie und Richtung, der Vielheit der Richtungen in einer und derselben Linie, endlich der Allheit der Richtungen sowohl, als der Linien, nach denen die Bewegung geschehen mag, welches die Bestimmung aller möglichen Bewegung als eines Quantum enthält, wiewohl die Quantität derselben (an einem beweglichen Punkte) bloß in der Geschwindigkeit besteht. Diese Bemerkung hat nur in der Transzendentalphilosophie ihren Nutzen.

| ZWEITES HAUPTSTÜCK

DER METAPHYSISCHEN ANFANGSGRÜNDE[1] DER DYNAMIK

ERKLÄRUNG 1

Materie ist das Bewegliche, so fern es einen Raum erfüllt. Einen Raum erfüllen heißt allem Beweglichen widerstehen, das durch seine Bewegung in einen gewissen Raum einzudringen bestrebt ist. Ein Raum, der nicht erfüllt ist, ist ein leerer Raum.

Anmerkung

Dieses ist nun die dynamische Erklärung des Begriffs der Materie. Sie setzt die phoronomische voraus, aber tut eine Eigenschaft hinzu, die sich als Ursache auf eine Wirkung bezieht, nämlich das Vermögen, einer Bewegung innerhalb eines gewissen Raumes zu widerstehen, wovon in der vorhergehenden Wissenschaft gar nicht die Rede sein mußte, selbst nicht, wenn man es mit Bewegungen eines und desselben Punktes in entgegengesetzten Richtungen zu tun hatte. Diese Erfüllung des Raums hält einen gewissen Raum von dem Eindringen irgend eines anderen be|weglichen frei, wenn seine Bewegung auf irgend einen Ort in diesem Raume hingerichtet ist. Worauf nun der nach allen Seiten gerichtete Widerstand der Materie beruhe und was er sei, muß noch untersucht werden. So viel sieht man aber schon aus der obigen Erklärung: daß die Materie hier nicht so betrachtet wird, wie sie widersteht, wenn sie aus ihrem Orte getrieben und also selbst bewegt werden soll (dieser Fall wird künftig, als mechanischer Widerstand, noch in Erwägung kommen), sondern wenn bloß der Raum ihrer eigenen Ausdehnung verringert werden soll. Man bedient sich des Worts: einen Raum einnehmen, d. i. in allen Punkten desselben unmittelbar gegenwärtig sein, um die Ausdeh-

[1] Akad.-Ausg.: »Zweites Hauptstück. Metaphysische Anfangsgründe«.

nung eines Dinges im Raume dadurch zu bezeichnen. Weil aber in diesem Begriffe nicht bestimmt ist, welche Wirkung oder ob gar überall eine Wirkung aus dieser Gegenwart entspringe, ob andern zu widerstehen, die hineinzudringen bestrebt sein[1], oder ob es bloß einen Raum ohne Materie bedeute, so fern er ein Inbegriff mehrerer Räume ist, wie man von jeder geometrischen Figur sagen kann, sie nimmt einen Raum ein (sie ist ausgedehnt), oder ob wohl gar im Raume etwas sei, was ein anderes Bewegliche nötigt, tiefer in denselben einzudringen (andere anzieht), weil, sage ich, durch den Begriff des Einnehmens eines Raumes dieses alles unbestimmt ist, so ist: einen Raum erfüllen eine nähere Bestimmung des Begriffs: einen Raum einnehmen.

| LEHRSATZ 1

Die Materie erfüllt einen Raum, nicht durch ihre bloße Existenz, sondern durch eine besondere bewegende Kraft.

Beweis

Das Eindringen in einen Raum (im Anfangsaugenblicke heißt solches die Bestrebung einzudringen) ist eine Bewegung. Der Widerstand gegen Bewegung ist die Ursache der Verminderung, oder auch Veränderung derselben in Ruhe. Nun kann mit keiner Bewegung etwas verbunden werden, was sie vermindert oder aufhebt, als eine andere Bewegung eben desselben Beweglichen in entgegengesetzter Richtung (Phoron. Lehrs.). Also ist der Widerstand, den eine Materie in dem Raum, den sie erfüllt, allem Eindringen anderer leistet, eine Ursache der Bewegung der letzteren in entgegengesetzter Richtung. Die Ursache einer Bewegung heißt aber bewegende Kraft. Also erfüllet die Materie ihren Raum durch bewegende Kraft, und nicht durch ihre bloße Existenz.

[1] Akad.-Ausg.: »sind«.

|A 33

Anmerkung

Lambert und andere nannten die Eigenschaft der Materie, da sie einen Raum erfüllt, die Solidität (ein ziemlich vieldeutiger Ausdruck), und wollen, man müsse sie an jedem Dinge, was existiert (Substanz), annehmen, wenigstens in der äußeren Sinnenwelt. Nach ihren Begrif|fen müßte die Anwesenheit von etwas Reellem, im Raume, diesen Widerstand schon durch seinen Begriff, mithin nach dem Satze des Widerspruchs bei sich führen, und es machen, daß nichts anderes in dem Raume der Anwesenheit eines solchen Dinges zugleich sein könne. Allein der Satz des Widerspruchs treibt keine Materie zurück, welche anrückt, um in einen Raum einzudringen, in welchem eine andere anzutreffen ist. Nur alsdann, wenn ich dem, was einen Raum einnimmt, eine Kraft beilege, alles äußere Bewegliche, welches sich annähert, zurück zu treiben, verstehe ich, wie es einen Widerspruch enthalte, daß in den Raum, den ein Ding einnimmt, noch ein anderes von derselben Art eindringe. Hier hat der Mathematiker etwas als ein erstes Datum der Konstruktion des Begriffs einer Materie, welches sich selbst nicht weiter konstruieren lasse, angenommen. Nun kann er zwar von jedem beliebigen Dato seine Konstruktion eines Begriffs anfangen, ohne sich darauf einzulassen, dieses Datum auch wiederum zu erklären; darum aber ist er doch nicht befugt, jenes für etwas aller mathematischen Konstruktion ganz Unfähiges zu erklären, um dadurch das Zurückgehen zu den ersten Prinzipien in der Naturwissenschaft zu hemmen.

ERKLÄRUNG 2

Anziehungskraft ist diejenige bewegende Kraft, wodurch eine Materie die Ursache der Annäherung anderer zu ihr sein kann (oder, wel|ches einerlei ist, dadurch sie der Entfernung anderer von ihr widersteht).

Zurückstoßungskraft ist diejenige, wodurch eine Materie Ursache sein kann, andere von sich zu entfernen

|A 34, 35

(oder, welches einerlei ist, wodurch sie der Annäherung anderer zu ihr widersteht). Die letztere werden wir auch zuweilen treibende, so wie die erstere ziehende Kräfte[1] nennen.

Zusatz

Es lassen sich nur diese zwei bewegende Kräfte der Materie denken. Denn alle Bewegung, die eine Materie einer anderen eindrücken kann, da in dieser Rücksicht jede derselben nur wie ein Punkt betrachtet wird, muß jederzeit als in der geraden Linie zwischen zweien Punkten erteilt angesehen werden. In dieser geraden Linie aber sind nur zweierlei Bewegungen möglich: die eine, dadurch sich jene Punkte von einander entfernen, die zweite, dadurch sie sich einander nähern. Die Kraft aber, die die Ursache der ersteren Bewegung ist, heißt Zurückstoßungs- und die der zweiten Anziehungskraft. Also können nur diese zwei Arten von Kräften, als solche, worauf alle Bewegungskräfte in der materiellen Natur zurückgeführt werden müssen, gedacht werden.

| LEHRSATZ 2

Die Materie erfüllet ihre Räume durch repulsive Kräfte aller ihrer Teile, d. i. durch eine ihr eigene Ausdehnungskraft, die einen bestimmten Grad hat, über den kleinere oder größere ins Unendliche können gedacht werden.

Beweis

Die Materie erfüllet einen Raum nur durch bewegende Kraft (Lehrs. 2)[2] und zwar eine solche, die dem Eindringen anderer, d. i. der Annäherung widersteht. Nun ist diese eine zurückstoßende Kraft (Erklärung 2). Also erfüllet die Materie ihren Raum nur durch zurückstoßende Kräfte und zwar aller ihrer Teile, weil sonst ein Teil ihres Raums (wider die Voraussetzung) nicht erfüllet, sondern nur eingeschlossen sein würde. Die Kraft aber eines Ausgedehnten

[1] Akad.-Ausg.: »Kraft«. – [2] Akad.-Ausg.: »(Lehrs. 1)«.

vermöge der Zurückstoßung aller seiner Teile ist eine Ausdehnungskraft (expansive). Also erfüllet die Materie ihren Raum nur durch eine ihr eigene Ausdehnungskraft; welches das erste war. Über jede gegebene Kraft muß eine größere gedacht werden können, denn die, über welche keine größere möglich ist, würde eine solche sein, wodurch in einer endlichen Zeit ein unendlicher Raum zurückgelegt werden würde (welches unmöglich ist). Es muß ferner unter jeder gegebenen bewegenden Kraft eine kleinere gedacht wer|den können (denn die kleinste würde die sein, durch deren unendliche Hinzutuung zu sich selbst eine jede gegebene Zeit hindurch keine endliche Geschwindigkeit erzeugt werden könnte, welches aber den Mangel aller bewegenden Kraft bedeutet). Also muß unter einem jeden gegebenen Grad einer bewegenden Kraft immer noch ein kleinerer gegeben werden können, welches das zweite ist. Mithin hat die Ausdehnungskraft, womit jede Materie ihren Raum erfüllt, ihren Grad, der niemals der größte oder kleinste ist, sondern über den ins Unendliche sowohl größere als kleinere können gefunden werden.

Zusatz 1

Die expansive Kraft einer Materie nennt man auch Elastizität. Da nun jene der Grund ist, worauf die Erfüllung des Raumes, als eine wesentliche Eigenschaft aller Materie, beruht, so muß diese Elastizität ursprünglich heißen; weil sie von keiner anderen Eigenschaft der Materie abgeleitet werden kann. Alle Materie ist demnach ursprünglich elastisch.

Zusatz 2

Weil über jede ausdehnende Kraft eine größere bewegende Kraft gefunden werden kann: diese aber auch jener entgegen würken kann, wodurch sie alsdenn den Raum der letzteren verengen würde, den diese zu erweitern trachtet, in welchem Falle die erstere eine | zusammendrückende Kraft heißen würde, so muß auch für jede Materie eine zu-

|A 37, 38

sammendrückende Kraft gefunden werden können, die sie von einem jeden Raum, den sie erfüllt, in einen engeren Raum zu treiben vermag.

ERKLÄRUNG 3

Eine Materie *durchdringt* in ihrer Bewegung eine andere, wenn sie durch Zusammendrückung den Raum ihrer Ausdehnung völlig aufhebt.

Anmerkung

Wenn in einem mit Luft angefüllten Stiefel einer Luftpumpe der Kolben dem Boden immer näher getrieben wird, so wird die Luftmaterie zusammengedrückt. Könnte nun diese Zusammendrückung so weit getrieben werden, daß der Kolben den Boden völlig berührte (ohne daß das mindeste von Luft entwischt wäre), so würde die Luftmaterie durchdrungen sein; denn die Materien, zwischen denen sie ist, lassen keinen Raum für sie übrig, und sie wäre also zwischen dem Kolben und Boden anzutreffen, ohne doch einen Raum einzunehmen. Diese Durchdringlichkeit der Materie durch äußere zusammendrückende Kräfte, wenn jemand eine solche annehmen oder auch nur denken wollte, würde die *mechanische* heißen können. Ich habe Ursache, durch eine solche Einschränkung diese Durchdringlichkeit der Materie von einer andern zu unterschei|den, deren Begriff vielleicht eben so unmöglich, als der erstere ist, von der ich aber doch künftig etwas anzumerken Anlaß haben möchte.

LEHRSATZ 3

Die Materie *kann* ins Unendliche *zusammengedrückt*, aber *niemals* von einer Materie, wie groß auch die drückende Kraft derselben sei, *durchdrungen* werden.

|A 39

Beweis

Eine ursprüngliche Kraft, womit eine Materie sich über einen gegebenen Raum, den sie einnimmt, allerwärts auszudehnen trachtet, muß, in einen kleineren Raum eingeschlossen, größer, und, in einen unendlich kleinen Raum zusammengepreßt, unendlich sein. Nun kann für gegebene ausdehnende Kraft der Materie eine größere zusammendrückende gefunden werden, die diese in einen engeren Raum zwingt, und so ins Unendliche; welches das erste war. Zum Durchdringen der Materie aber würde eine Zusammentreibung derselben in einen unendlich kleinen Raum, mithin eine unendlich zusammendrückende Kraft erfodert, welche unmöglich ist. Also kann eine Materie durch Zusammendrückung von keiner anderen durchdrungen werden; welches das zweite ist.

Anmerkung

Ich habe in diesem Beweise gleich zu Anfangs angenommen, daß eine ausdehnende Kraft, je mehr sie in die | Enge getrieben worden, desto stärker entgegenwirken müsse. Dieses würde nun zwar nicht so für jede Art elastischer Kräfte, die nur abgeleitet sind, gelten; aber bei der Materie, so fern ihr als Materie überhaupt, die einen Raum erfüllt, wesentliche Elastizität zukommt, läßt sich dieses postulieren. Denn expansive Kraft, aus allen Punkten nach allen Seiten hin ausgeübt, macht sogar den Begriff derselben aus. Eben dasselbe Quantum aber, von ausspannenden Kräften in einen engeren Raum gebracht, muß in jedem Punkte desselben so viel stärker zurücktreiben, so viel umgekehrt der Raum kleiner ist, in welchem ein gewisses Quantum von Kraft seine Wirksamkeit verbreitet.

ERKLÄRUNG 4

Die Undurchdringlichkeit der Materie, die auf dem Widerstande beruht, der mit den Graden der Zusammen-

|A 40

drückung proportionierlich wächst, nenne ich die relative; diejenige aber, welche auf der Voraussetzung beruht, daß die Materie, als solche, gar keiner Zusammendrückung fähig sei, heißt die absolute Undurchdringlichkeit. Die Erfüllung des Raumes mit absoluter Undurchdringlichkeit kann die mathematische, die mit bloß relativer die dynamische Erfüllung des Raums heißen.

|Anmerkung 1

Nach dem bloß mathematischen Begriffe der Undurchdringlichkeit (der keine bewegende Kraft als ursprünglich der Materie eigen voraussetzt) ist keine Materie einer Zusammendrückung fähig, als so fern sie leere Räume in sich enthält; mithin die Materie als Materie widersteht allem Eindringen schlechterdings und mit absoluter Notwendigkeit. Nach unserer Erörterung dieser Eigenschaft aber beruht die Undurchdringlichkeit auf einem physischen Grunde; denn die ausdehnende Kraft macht sie selbst, als ein Ausgedehntes, das seinen Raum erfüllt, allererst möglich. Da aber diese Kraft einen Grad hat, welcher überwältigt, mithin der Raum der Ausdehnung verringert, d. i. in denselben bis auf ein gewisses Maß von einer gegebenen zusammendrückenden Kraft eingedrungen werden kann, doch so, daß die gänzliche Durchdringung, weil sie eine unendliche zusammendrückende Kraft erfodern würde, unmöglich ist: so muß die Erfüllung des Raums nur als relative Undurchdringlichkeit angesehen werden.

Anmerkung 2

Die absolute Undurchdringlichkeit ist in der Tat nichts mehr, oder weniger, als qualitas occulta. Denn man frägt, was die Ursache sei, daß Materien einander in ihrer Bewegung nicht durchdringen können, und bekommt die Antwort: weil sie undurchdringlich sind. Die Berufung auf zurücktreibende Kraft ist von diesem Vorwurfe frei. Denn, ob diese gleich ihrer Möglichkeit nach |auch nicht weiter erklärt

|A 41, 42

werden kann, mithin als Grundkraft gelten muß, so gibt sie doch einen Begriff von einer wirkenden Ursache und ihren Gesetzen, nach welchen die Wirkung, nämlich der Widerstand in dem erfülleten Raum, ihren Graden nach geschätzt werden kann.

ERKLÄRUNG 5

Materielle Substanz ist dasjenige im Raume, was für sich, d. i. abgesondert von allem anderen, was außer ihm im Raume existiert, beweglich ist. Die Bewegung eines Teils der Materie, dadurch sie aufhört, ein Teil zu sein, ist die Trennung. Die Trennung der Teile einer Materie ist die physische Teilung.

Anmerkung

Der Begriff einer Substanz bedeutet das letzte Subjekt der Existenz, d. i. dasjenige, was selbst nicht wiederum bloß als Prädikat zur Existenz eines anderen gehört. Nun ist Materie das Subjekt alles dessen, was im Raume zur Existenz der Dinge gezählt werden mag; denn außer ihr würde sonst kein Subjekt gedacht werden können, als der Raum selbst; welcher aber ein Begriff ist, der noch gar nichts Existierendes, sondern bloß die notwendigen Bedingungen der äußeren Relation möglicher Gegenstände äußerer Sinne enthält. Also ist Materie, als das Bewegliche im Raume, die Substanz in demselben. Aber eben so werden auch alle Teile derselben, so fern man von ihnen | nur sagen kann, daß sie selbst Subjekte und nicht bloß Prädikate von anderen Materien sein[1], Substanzen, mithin selbst wiederum Materie heißen müssen. Sie sind aber selbst Subjekte, wenn sie für sich beweglich und also auch außer der Verbindung mit anderen Nebenteilen etwas im Raume Existierendes sind. Also ist die eigene Beweglichkeit der Materie, oder irgend eines Teils derselben, zugleich ein Beweis dafür, daß dieses Bewegliche, und ein jeder beweglicher Teil desselben, Substanz sei.

[1] Akad.-Ausg.: »seien«.

|A 43

LEHRSATZ 4

Die Materie ist *ins Unendliche teilbar*, und zwar in Teile, deren jeder wiederum Materie ist.

Beweis

Die Materie *ist* undurchdringlich, und zwar durch ihre ursprüngliche Ausdehnungskraft (Lehrs. 3), diese aber ist nur die Folge der repulsiven Kräfte eines jeden Punkts in einem von Materie erfüllten Raum. Nun ist der Raum, den die Materie erfüllet, ins Unendliche mathematisch teilbar, d. i. seine Teile können ins Unendliche unterschieden, obgleich nicht bewegt, folglich auch nicht getrennt werden (nach Beweisen der Geometrie). In einem mit Materie erfüllten Raume aber enthält jeder Teil desselben repulsive Kraft, allen übrigen nach allen Seiten entgegen zu wirken, mithin sie zurück zu treiben und von | ihnen eben so wohl zurückgetrieben, d. i. zur Entfernung von denselben bewegt zu werden. Mithin ist ein jeder Teil eines durch Materie erfüllten Raums für sich selbst beweglich, folglich trennbar von den übrigen als materielle Substanz durch physische Teilung. So weit sich also die mathematische Teilbarkeit des Raumes, den eine Materie erfüllt, erstreckt, so weit erstreckt sich auch die mögliche physische Teilung der Substanz, die ihn erfüllt. Die mathematische Teilbarkeit aber geht ins Unendliche, folglich auch die physische, d. i. alle Materie ist ins Unendliche teilbar, und zwar in Teile, deren jeder selbst wiederum materielle Substanz ist.

Anmerkung 1

Durch den Beweis der unendlichen Teilbarkeit des Raums ist die der Materie lange noch nicht bewiesen, wenn nicht vorher dargetan worden: daß in jedem Teile des Raumes materielle Substanz sei, d. i. für sich bewegliche Teile anzutreffen sind. Denn, wollte ein *Monadist* annehmen, die Materie bestände aus physischen Punkten, deren ein jeder

|A 44

zwar (eben darum) keine bewegliche Teile habe, aber dennoch durch bloße repulsive Kraft einen Raum erfüllete: so würde er gestehen können, daß zwar dieser Raum, aber nicht die Substanz, die in ihm wirkt, mithin zwar die Sphäre der Wirksamkeit der letzteren, aber nicht das wirkende bewegliche Subjekt selbst durch die Teilung des Raums zugleich geteilt werde. | Also würde er die Materie aus physisch unteilbaren Teilen zusammensetzen, und sie doch auf dynamische Art einen Raum einnehmen lassen.

Durch den obigen Beweis aber ist dem Monadisten diese Ausflucht gänzlich benommen. Denn daraus ist klar: daß in einem erfülleten Raume kein Punkt sein könne, der nicht selbst nach allen Seiten Zurückstoßung ausübete, so wie er zurückgestoßen wird, mithin als ein außer jedem anderen zurückstoßenden Punkte befindliches gegenwirkendes Subjekt an sich selbst beweglich wäre, und daß die Hypothese eines Punkts, der durch bloße treibende Kraft, und nicht vermittelst anderer gleichfalls zurückstoßenden Kräfte, einen Raum erfüllete, gänzlich unmöglich sei. Um dieses und dadurch auch den Beweis des vorhergehenden Lehrsatzes anschaulich zu machen,

nehme man an, A sei der Ort einer Monas im Raume, ab sei der Durchmesser der Sphäre ihrer repulsiven Kraft, mithin aA der Halbmesser derselben, so ist zwischen a, wo dem Eindringen einer äußeren Monade in den Raum, den jene Sphäre einnimmt, widerstanden wird, und dem Mittelpunkte derselben A, ein Punkt c anzugeben möglich (laut der unendlichen Teilbarkeit des Raumes). Wenn nun A demjenigen, was in a einzudringen trachtet, widersteht, so muß auch c den beiden Punkten A und a wi|derstehen. Denn wäre dieses nicht, so würden sie sich einander ungehindert nähern, folglich A und a im Punkte c zusammentreffen, d. i. der Raum würde durchdrungen werden. Also muß in c etwas sein, was dem Eindringen von A und a widersteht und also die Monas

A zurücktreibt, so wie es auch von ihr zurückgetrieben wird. Da nun Zurücktreiben ein Bewegen ist, so ist c etwas Bewegliches im Raum, mithin Materie, und der Raum zwischen A und a konnte nicht durch die Sphäre der Wirksamkeit einer einzigen Monade angefüllt sein, also auch nicht der Raum zwischen c und A, und so ins Unendliche.

Wenn Mathematiker die repulsiven Kräfte der Teile elastischer Materien, bei größerer oder kleinerer Zusammendrückung derselben, als nach einer gewissen Proportion ihrer Entfernungen von einander abnehmend oder zunehmend sich vorstellen, z. B. daß die kleinsten Teile der Luft sich in umgekehrtem Verhältnis ihrer Entfernungen von einander zurücktreiben, weil die Elastizität derselben in umgekehrtem Verhältnis der Räume steht, darin sie zusammengedrückt werden: so verfehlt man gänzlich ihren Sinn und mißdeutet ihre Sprache, wenn man das, was zum Verfahren der Konstruktion eines Begriffs notwendig gehört, dem Begriffe im Objekt selbst beilegt. Denn nach jenem kann eine jede Berührung als eine unendlich kleine Entfernung vorgestellt werden; welches in solchen Fällen auch notwendig geschehen muß, wo ein großer oder kleiner Raum durch eben dieselbe Quantität der Materie, | d. i. einerlei Quantum repulsiver Kräfte, als ganz erfüllt vorgestellt werden soll. Bei einem ins Unendliche Teilbaren darf darum dennoch keine wirkliche Entfernung der Teile, die bei aller Erweiterung des Raums des Ganzen immer ein Kontinuum ausmachen, angenommen werden, obgleich die Möglichkeit dieser Erweiterung nur unter der Idee einer unendlich kleinen Entfernung anschaulich gemacht werden kann.

Anmerkung 2

Die Mathematik kann zwar in ihrem inneren Gebrauche in Ansehung der Schikane einer verfehlten Metaphysik ganz gleichgültig sein, und im sicheren Besitz ihrer evidenten Behauptungen von der unendlichen Teilbarkeit des Raumes beharren, was für Einwürfe auch eine an bloßen Begriffen klaubende Vernünftelei dagegen auf die Bahn

|A 47

bringen mag; allein in der Anwendung ihrer Sätze, die vom Raume gelten, auf Substanz, die sie erfüllt[1], muß sie sich doch auf Prüfung nach bloßen Begriffen, mithin auf Metaphysik einlassen. Obiger Lehrsatz ist schon ein Beweis davon. Denn es folgt nicht notwendig, daß Materie ins Unendliche physisch teilbar sei, wenn sie es gleich in mathematischer Absicht ist, wenn gleich ein jeder Teil des Raums wiederum ein Raum ist, und also immer Teile außerhalb einander in sich faßt, woferne nicht bewiesen werden kann, daß in jedem aller möglichen Teile dieses *erfülleten* Raumes auch *Substanz* sei, die folglich auch, abgesondert von allen übrigen, als für sich | beweglich existiere. Also fehlete doch bisher dem mathematischen Beweise noch etwas, ohne welches er auf die Naturwissenschaft keine sichere Anwendung haben konnte, und diesem Mangel ist in obstehendem Lehrsatz abgeholfen worden. Was nun aber die übrigen Angriffe der Metaphysik auf den *nunmehro physischen Lehrsatz* der unendlichen Teilbarkeit der Materie betrifft, so muß sie der Mathematiker gänzlich dem Philosophen überlassen, der ohnedem durch diese Einwürfe sich selbst in ein Labyrinth begibt, woraus es ihm schwer wird, auch in denen ihn unmittelbar angehenden Fragen herauszufinden, und also mit sich selbst genug zu tun hat, ohne daß der Mathematiker sich in dieses Geschäfte dürfte einflechten lassen. Wenn nämlich die Materie ins Unendliche teilbar ist, so (schließt der dogmatische Metaphysiker) *besteht sie aus einer unendlichen Menge von Teilen*; denn ein Ganzes muß doch alle die Teile zum voraus insgesamt schon in sich enthalten, in die es geteilt werden kann. Der letztere Satz ist auch von einem jeden Ganzen, *als Dinge an sich selbst*, ungezweifelt gewiß, mithin, da man doch nicht einräumen kann, die Materie, ja gar selbst nicht einmal der Raum, *bestehe aus unendlich viel Teilen* (weil es ein Widerspruch ist, eine unendliche Menge, deren Begriff es schon mit sich führt, daß sie niemals vollendet vorgestellt werden könne, sich als ganz vollendet zu denken), so müsse man sich zu einem entschließen, entweder

[1] Akad.-Ausg.: »die ihn erfüllt«.

|A 48

dem Geometer zum Trotz zu sagen: der Raum ist nicht ins Unendliche | teilbar, oder dem Metaphysiker zur Ärgernis: der Raum ist keine Eigenschaft eines Dinges an sich selbst, und also die Materie kein Ding an sich selbst, sondern bloße Erscheinung unserer äußeren Sinne überhaupt, so wie der Raum die wesentliche Form derselben.

Hier gerät nun der Philosoph in ein Gedränge zwischen den Hörnern eines gefährlichen Dilemms. Den ersteren Satz: daß der Raum ins Unendliche teilbar sei, abzuleugnen, ist ein leeres Unterfangen, denn Mathematik läßt sich nichts wegvernünfteln; Materie aber als Ding an sich selbst, mithin den Raum als Eigenschaft der Dinge an sich selbst ansehen, und dennoch jenen Satz ableugnen, ist einerlei. Er sieht sich also notgedrungen, von der letzteren Behauptung, so gemein und dem gemeinen Verstande gemäß sie auch sei, abzugehen, aber natürlicher Weise nur unter dem Beding, daß man ihn auf den Fall, daß er Materie und Raum nur zur Erscheinung (mithin letzteren nur zur Form unserer äußerer sinnlichen Anschauung, also beide nicht zu Sachen an sich, sondern nur zu subjektiven Vorstellungsarten uns an sich unbekannter Gegenstände) machte, alsdenn auch aus jener Schwierigkeit, wegen unendlicher Teilbarkeit der Materie, wobei sie doch nicht aus unendlich viel Teilen bestehe, heraushelfe. Dieses letztere läßt sich nun ganz wohl durch die Vernunft denken, obgleich unmöglich anschaulich machen und konstruieren. Denn, was nur dadurch wirklich ist, daß es in der Vorstellung gegeben ist, davon ist auch | nicht mehr gegeben, als so viel in der Vorstellung angetroffen wird, d. i. so weit der Progressus der Vorstellungen reicht. Also von Erscheinungen, deren Teilung ins Unendliche geht, kann man nur sagen, daß der Teile der Erscheinung so viel sind, als wir deren nur geben, d. i. so weit wir nur immer teilen mögen. Denn die Teile, als zur Existenz einer Erscheinung gehörig, existieren nur in Gedanken, nämlich in der Teilung selbst. Nun geht zwar die Teilung ins Unendliche, aber sie ist doch niemals als unendlich gegeben: also folgt daraus nicht, daß das Teilbare eine unendliche Menge Teile an sich selbst und außer unserer

|A 49, 50

Vorstellung in sich enthalte, darum weil seine Teilung ins Unendliche geht. Denn es ist nicht das Ding, sondern nur diese Vorstellung desselben, deren Teilung, ob sie zwar ins Unendliche fortgesetzt werden kann, und im Objekte (das an sich unbekannt ist) dazu auch ein Grund ist, dennoch niemals vollendet, folglich ganz gegeben werden kann, und also auch keine wirkliche unendliche Menge im Objekte (als die ein ausdrücklicher Widerspruch sein würde) beweiset. Ein großer Mann, der, vielleicht mehr als sonst jemand, das Ansehen der Mathematik in Deutschland zu erhalten beiträgt, hat mehrmalen die metaphysischen Anmaßungen, Lehrsätze der Geometrie von der unendlichen Teilbarkeit des Raums umzustoßen, durch die gegründete Erinnerung abgewiesen: *daß der Raum nur zu der Erscheinung äußerer Dinge gehöre*; allein er ist nicht verstanden worden. Man nahm diesen Satz so, | als ob er sagen wollte: der Raum erscheine uns selbst, sonst sei er eine Sache oder Verhältnis der Sachen an sich selbst, der Mathematiker betrachtete ihn aber nur, wie er erscheint; anstatt daß sie darunter hätten verstehen sollen, der Raum sei gar keine Eigenschaft, die irgend einem Dinge außer unseren Sinnen an sich anhängt, sondern nur die subjektive Form unserer Sinnlichkeit, unter welcher uns Gegenstände äußerer Sinne, die wir, wie sie an sich beschaffen sind, nicht kennen, erscheinen, welche Erscheinung wir denn Materie nennen. Bei jener Mißdeutung dachte man sich den Raum immer noch als eine den Dingen auch außer unserer Vorstellungskraft anhängende Beschaffenheit, die sich aber der Mathematiker nur nach gemeinen Begriffen, d. i. verworren denkt (denn so erklärt man gemein hin Erscheinung), und schrieb also den mathematischen Lehrsatz von der unendlichen Teilbarkeit der Materie, einen Satz, der die höchste Deutlichkeit in dem Begriffe des Raums voraussetzt, einer verworrenen Vorstellung vom Raume, die der Geometer zum Grunde legte, zu, wobei es denn dem Metaphysiker unbenommen blieb, den Raum aus Punkten und die Materie aus einfachen Teilen zusammen zu setzen und so (seiner Meinung nach) Deutlichkeit in diesen Begriff zu bringen. Der Grund dieser Verir-

|A 51

rung liegt in einer übelverstandenen Monadologie, die gar nicht zur Erklärung der Naturerscheinungen gehört, sondern ein von Leibnizen ausgeführter, an sich richtiger platonischer Begriff von der Welt ist, so|fern sie, gar nicht als Gegenstand der Sinne, sondern als Ding an sich selbst betrachtet, bloß ein Gegenstand des Verstandes ist, der aber doch den Erscheinungen der Sinne zum Grunde liegt. Nun muß freilich das Zusammengesetzte der Dinge an sich selbst aus dem Einfachen bestehen; denn die Teile müssen hier vor aller Zusammensetzung gegeben sein. Aber das Zusammengesetzte in der Erscheinung besteht nicht aus dem Einfachen, weil in der Erscheinung, die niemals anders als zusammengesetzt (ausgedehnt) gegeben werden kann, die Teile nur durch Teilung und also nicht vor dem Zusammengesetzten, sondern nur in demselben gegeben werden können. Daher war Leibnizens Meinung, so viel ich einsehe, nicht, den Raum durch die Ordnung einfacher Wesen neben einander zu erklären, sondern ihm vielmehr diese als korrespondierend, aber zu einer bloß intelligibeln (für uns unbekannten) Welt gehörig zur Seite zu setzen, und nichts anders zu behaupten, als was anderwärts gezeigt worden, nämlich daß der Raum, samt der Materie, davon er die Form ist, nicht die Welt von Dingen an sich selbst, sondern nur die Erscheinung derselben enthalte, und selbst nur die Form unserer äußern sinnlichen Anschauung sei.

LEHRSATZ 5

Die Möglichkeit der Materie erfodert eine Anziehungskraft als die zweite wesentliche Grundkraft derselben.

|Beweis

Die Undurchdringlichkeit, als die Grundeigenschaft der Materie, wodurch sie sich als etwas Reales im Raume unseren äußeren Sinnen zuerst offenbaret, ist nichts, als das Ausdehnungsvermögen der Materie (Lehrsatz)[1]. Nun kann eine

[1] Akad.-Ausg.: »(Lehrsatz 2)«.

wesentliche bewegende Kraft, dadurch die Teile der Materie einander fliehen, erstlich nicht durch sich selbst eingeschränkt werden, weil die Materie dadurch vielmehr bestrebt ist, den Raum, den sie erfüllt, kontinuierlich zu erweitern, zweitens auch nicht durch den Raum allein auf eine gewisse Grenze der Ausdehnung gesetzt werden; denn dieser kann zwar den Grund davon enthalten, daß bei Erweiterung des Volumens einer sich ausdehnenden Materie die ausdehnende Kraft in umgekehrtem Verhältnisse schwächer werde, aber, weil von einer jeden bewegenden Kraft ins Unendliche kleinere Grade möglich sind, niemals den Grund enthalten, daß sie irgendwo aufhöre. Also würde die Materie durch ihre repulsive Kraft (welche den Grund der Undurchdringlichkeit enthält) allein, und, wenn ihr nicht eine andere bewegende Kraft entgegenwirkte, innerhalb keinen Grenzen der Ausdehnung gehalten sein, d. i. sich ins Unendliche zerstreuen, und in keinem anzugebenden Raume würde eine anzugebende Quantität Materie anzutreffen sein. Folglich würden, bei bloß repellierenden Kräften der Materie, alle Räume leer, mithin ei|gentlich gar keine Materie dasein. Es erfodert also alle Materie zu ihrer Existenz Kräfte, die der ausdehnenden entgegengesetzt sind, d. i. zusammendrükkende Kräfte. Diese können aber ursprünglich nicht wiederum in der Entgegenstrebung einer anderen Materie gesucht werden; denn diese bedarf, damit sie Materie sei, selbst einer zusammendrückenden Kraft. Also muß irgendwo eine ursprüngliche Kraft der Materie, welche in entgegengesetzter Direktion der repulsiven, mithin zur Annäherung wirkt, d. i. eine Anziehungskraft angenommen werden. Da nun diese Anziehungskraft zur Möglichkeit einer Materie, als Materie, überhaupt gehört, folglich vor allen Unterschieden derselben vorhergeht, so darf sie nicht bloß einer besonderen Gattung derselben, sondern muß jeder Materie überhaupt und zwar ursprünglich beigelegt werden. Also kommt aller Materie eine ursprüngliche Anziehung, als zu ihrem Wesen gehörige Grundkraft, zu.

|A 54

Anmerkung

Bei diesem Übergange von einer Eigenschaft der Materie zu einer andern spezifisch davon unterschiedenen, die zum Begriffe der Materie eben sowohl gehört, *obgleich in demselben nicht enthalten ist*, muß das Verhalten unseres Verstandes in nähere Erwägung gezogen werden. Wenn Anziehungskraft selbst zur Möglichkeit der Materie ursprünglich erfodert wird, warum bedienen wir uns ihrer | nicht eben sowohl, als der Undurchdringlichkeit, zum ersten Kennzeichen einer Materie? warum wird die letztere unmittelbar mit dem Begriffe einer Materie gegeben, die erstere aber nicht in dem Begriffe gedacht, sondern nur durch Schlüsse ihm beigefügt? Daß unsere Sinne uns diese Anziehung nicht so unmittelbar wahrnehmen lassen, als die Zurückstoßung und das Widerstreben der Undurchdringlichkeit, kann die Schwierigkeit noch nicht hinlänglich beantworten. Denn, wenn wir auch ein solches Vermögen hätten, so ist doch leicht einzusehen, daß unser Verstand sich nichts destoweniger die Erfüllung des Raumes wählen würde, um dadurch die Substanz im Raume, d. i. die Materie zu bezeichnen, wie denn eben in dieser *Erfüllung*, oder, wie man sie sonst nennt, der *Solidität* das Charakteristische der Materie, als eines vom Raume unterschiedenen Dinges, gesetzt wird. Anziehung, wenn wir sie auch noch so gut empfänden, würde uns doch niemals eine Materie von bestimmten *Volumen* und *Gestalt* offenbaren, sondern nichts als die Bestrebung unseres Organs, sich einem Punkte außer uns (dem Mittelpunkt des anziehenden Körpers) zu nähern. Denn die Anziehungskraft aller Teile der Erde kann auf uns nichts mehr, auch nichts anderes wirken, als wenn sie gänzlich in dem Mittelpunkte derselben vereinigt wäre, und dieser allein auf unsern Sinn einflösse, eben so die Anziehung eines Berges, oder jeden Steins etc. Nun bekommen wir dadurch keinen bestimmten Begriff von irgend einem Objekte im Raume, | da weder Gestalt, noch Größe, ja nicht einmal der Ort, wo er sich befände, in unsere Sinne fallen kann (die bloße Direktion der Anziehung würde wahrge-

|A 55, 56

nommen werden können, wie bei der Schwere: der anziehende Punkt würde unbekannt sein, und ich sehe nicht einmal wohl ein, wie er selbst durch Schlüsse, ohne Wahrnehmung der Materie, so fern sie den Raum erfüllt, sollte ausgemittelt werden). Also ist klar: daß die erste Anwendung unserer Begriffe von Größen auf Materie, durch die es uns zuerst möglich wird, unsere äußere Wahrnehmungen in dem Erfahrungsbegriffe einer Materie als Gegenstandes überhaupt zu verwandeln, nur auf ihrer Eigenschaft, dadurch sie einen Raum erfüllt, gegründet sei, welche, vermittelst des Sinnes des Gefühls, uns die Größe und Gestalt eines Ausgedehnten, mithin von einem bestimmten Gegenstande im Raume einen Begriff verschafft, der allem übrigen, was man von diesem Dinge sagen kann, zum Grunde gelegt wird. Eben dieses ist ohne Zweifel die Ursache, weswegen man bei den klärsten anderweitigen Beweisen, daß Anziehung eben so wohl zu den Grundkräften der Materie gehören müsse, als Zurückstoßung, sich gleichwohl gegen die erstere so sehr sträubt, und gar keine bewegende Kräfte, als nur durch Stoß und Druck (beides vermittelst der Undurchdringlichkeit) einräumen will. Denn, wodurch der Raum erfüllet ist, das ist die Substanz, sagt man, und das hat auch seine gute Richtigkeit. Da aber diese Substanz ihr Dasein uns nicht anders, als durch den Sinn, |wodurch wir ihre Undurchdringlichkeit wahrnehmen, nämlich das Gefühl, offenbart, mithin nur in Beziehung auf Berührung, deren Anfang (in der Annäherung einer Materie zur andern) der Stoß, die Fortdauer aber ein Druck heißt: so scheint es, als ob alle unmittelbare Wirkung einer Materie auf die andere niemals was anders, als Druck, oder Stoß sein könne, zwei Einflüsse, die wir allein unmittelbar empfinden können, dagegen Anziehung, die uns an sich entweder gar keine Empfindung, oder doch keinen bestimmten Gegenstand derselben geben kann, uns als Grundkraft so schwer in den Kopf will.

LEHRSATZ 6

Durch bloße Anziehungskraft, ohne Zurückstoßung, ist keine Materie möglich.

|A 57

Beweis

Anziehungskraft ist die bewegende Kraft der Materie, wodurch sie eine andere treibt, sich ihr zu nähern, folglich, wenn sie zwischen allen Teilen der Materie angetroffen wird, ist die Materie vermittelst ihrer bestrebt, die Entfernung ihrer Teile von einander, mithin auch den Raum, den sie zusammen einnehmen, zu verringern. Nun kann nichts die Wirkung einer bewegenden Kraft hindern, als eine andere ihr entgegengesetzte bewegende Kraft; diese aber, welche der Attraktion entgegengesetzt ist, ist die repulsive Kraft. Also würden, ohne repulsive Kräfte durch bloße An|näherung, alle Teile der Materie sich ohne Hindernis einander nähern, und den Raum, den diese einnimmt, verringern. Da nun in dem angenommenen Falle keine Entfernung der Teile ist, in welcher eine größere Annäherung durch Anziehung vermittelst einer zurückstoßenden Kraft unmöglich gemacht wurde, so würden sie sich so lange zu einander bewegen, bis gar keine Entfernung zwischen ihnen angetroffen würde, d. i. sie würden in einen mathematischen Punkt zusammenfließen, und der Raum würde leer, mithin ohne alle Materie sein. Dennoch[1] ist Materie durch bloße Anziehungskräfte ohne zurückstoßende unmöglich.

Zusatz

Diejenige Eigenschaft, auf welcher als Bedingung selbst die innere Möglichkeit eines Dinges beruht, ist ein wesentliches Stück derselben. Also gehört die Zurückstoßungskraft zum Wesen der Materie eben so wohl, wie die Anziehungskraft, und keine kann von der anderen im Begriff der Materie getrennt werden.

Anmerkung

Weil überall nur zwei bewegende Kräfte im Raum gedacht werden können, die Zurückstoßung und Anziehung, so war es, um beider ihre Vereinigung im Begriffe einer Ma-

[1] Akad.-Ausg.: »Demnach«.

|A 58

terie überhaupt a priori zu beweisen, vorher nötig, daß jede für sich allein erwogen würde, um zu sehen, was|sie, allein genommen, zur Darstellung einer Materie leisten könnte. Es zeigt sich nun, daß, sowohl wenn man keine von beiden zum Grunde legt, als auch wenn man bloß eine von ihnen annimmt, der Raum allemal leer bleibe und keine Materie in demselben angetroffen werde.

ERKLÄRUNG 6

Berührung im physischen Verstande ist die unmittelbare Wirkung und Gegenwirkung der Undurchdringlichkeit. Die Wirkung einer Materie auf die andere außer der Berührung ist die Wirkung in die Ferne (actio in distans). Diese Wirkung in die Ferne, die auch ohne Vermittelung zwischen inne liegender Materie möglich ist, heißt die unmittelbare Wirkung in die Ferne, oder auch die Wirkung der Materie[1] auf einander durch den leeren Raum.

Anmerkung

Die Berührung in mathematischer Bedeutung ist die gemeinschaftliche Grenze zweier Räume, die also weder innerhalb dem einen, noch dem anderen Raume ist. Daher können gerade Linien einander nicht berühren, sondern, wenn sie einen Punkt gemein haben, so gehört er sowohl innerhalb die eine, als die andere dieser Linien, wenn sie fortgezogen werden, d. i. sie schneiden sich. Aber Zirkel und gerade Linie, Zirkel und Zirkel, berühren | sich in einem Punkte, Flächen in einer Linie und Körper in Flächen. Die mathematische Berührung wird bei der physischen zum Grunde gelegt, aber sie macht sie allein noch nicht aus, zu ihr muß, damit die letztere daraus entspringe, noch ein dynamisches Verhältnis und zwar nicht der Anziehungskräfte, sondern der zurückstoßenden, d. i. der Undurchdringlichkeit hinzugedacht werden. Physische Berührung ist Wechselwirkung der repulsiven Kräfte in der gemeinschaftlichen Grenze zweier Materien.

[1] Akad.-Ausg.: »Materien«.

|A 59, 60

LEHRSATZ 7

Die aller Materie wesentliche Anziehung ist eine unmittelbare Wirkung derselben auf andere durch den leeren Raum.

Beweis

Die ursprüngliche Anziehungskraft enthält selbst den Grund der Möglichkeit der Materie, als desjenigen Dinges, was einen Raum in bestimmtem Grade erfüllt, mithin selbst sogar von der Möglichkeit einer physischen Berührung derselben. Sie muß also vor dieser vorhergehen, und ihre Wirkung muß folglich von der Bedingung der Berührung unabhängig sein. Nun ist die Wirkung einer bewegenden Kraft, die von aller Berührung unabhängig ist, auch von der Erfüllung des Raums zwischen dem Bewegenden und dem Bewegten unabhängig, d. i. sie muß auch, ohne daß der Raum zwischen beiden erfüllt ist, Statt fin|den, mithin als Wirkung durch den leeren Raum. Also ist die ursprüngliche und aller Materie wesentliche Anziehung eine unmittelbare Wirkung derselben auf andere durch den leeren Raum.

Anmerkung 1

Daß man die Möglichkeit der Grundkräfte begreiflich machen sollte, ist eine ganz unmögliche Foderung; denn sie heißen eben darum Grundkräfte, weil sie von keiner anderen abgeleitet, d. i. gar nicht begriffen werden können. Es ist aber die ursprüngliche Anziehungskraft nicht im mindesten unbegreiflicher, als die ursprüngliche Zurückstoßung. Sie bietet sich nur nicht so unmittelbar den Sinnen dar, als die Undurchdringlichkeit, uns Begriffe von bestimmten Objekten im Raume zu liefern. Weil sie also nicht gefühlt, sondern nur geschlossen werden will, so hat sie so fern den Anschein einer abgeleiteten Kraft, gleich als ob sie nur ein verstecktes Spiel der bewegenden Kräfte durch Zurückstoßung wäre. Näher erwogen sehen wir: daß sie gar nicht weiter irgend wovon abgeleitet werden könne, am wenig-

|A 61

sten von der bewegenden Kraft der Materien durch ihre Undurchdringlichkeit, da ihre Wirkung gerade das Widerspiel der letzteren ist. Der gemeinste Einwurf wider die unmittelbare Wirkung in die Ferne ist: daß eine Materie doch nicht da, wo sie nicht ist, unmittelbar wirken könne. Wenn die Erde den Mond unmittelbar treibt, sich ihr zu nähern, so wirkt die Erde auf ein Ding, das viele tausend Meilen von ihr ent|fernt ist, und dennoch unmittelbar; der Raum zwischen ihr und dem Monde mag auch als völlig leer angesehen werden. Denn obgleich zwischen beiden Körpern Materie läge, so tut diese doch nichts zu jener Anziehung. Sie wirkt also an einem Orte, wo sie nicht ist, unmittelbar: etwas was dem Anscheine nach widersprechend ist. Allein es ist so wenig widersprechend, daß man vielmehr sagen kann, ein jedes Ding im Raume wirkt auf ein anderes nur an einem Ort, wo das Wirkende nicht ist. Denn sollte es an demselben Orte, wo es selbst ist, wirken, so würde das Ding, worauf es wirkt, gar nicht außer ihm sein; denn dieses Außerhalb bedeutet die Gegenwart in einem Orte, darin das andere nichts ist[1]. Wenn Erde und Mond einander auch berührten, so wäre doch der Punkt der Berührung ein Ort, in dem weder die Erde noch der Mond ist; denn beide sind um die Summe ihrer Halbmesser von einander entfernt. Auch würde im Punkte der Berührung so gar kein Teil, weder der Erde, noch des Mondes, anzutreffen sein, denn dieser Punkt liegt in der Grenze beider erfülleten Räume, die keinen Teil weder von dem einen noch dem anderen ausmacht. Daß also Materien in einander in der Entfernung nicht unmittelbar wirken können, würde so viel sagen, als: sie können in einander nicht unmittelbar wirken, ohne Vermittelung der Kräfte der Undurchdringlichkeit. Nun würde dieses eben so viel sein, als ob ich sagte: die repulsiven Kräfte sind die einzigen, damit Materien wirksam sein können, oder | sie sind wenigstens die notwendigen Bedingungen, unter denen allein Materien auf einander wirken können, welches entweder die Anziehungskraft für ganz unmöglich oder doch immer von der Wirkung der repulsiven

[1] Akad.-Ausg.: »nicht ist«.

Kräfte abhängig erklären würde; beides sind aber Behauptungen ohne allen Grund. Die Verwechselung der mathematischen Berührung der Räume und der physischen durch zurücktreibende Kräfte macht hier den Grund des Mißverstandes aus. Sich unmittelbar außer der Berührung anziehen heißt sich einander nach einem beständigen Gesetze nähern, ohne daß eine Kraft der Zurückstoßung dazu die Bedingung enthalte, welches doch eben so gut sich muß denken lassen, als einander unmittelbar zurückstoßen, d. i. sich einander nach einem beständigen Gesetze fliehen, ohne daß die Anziehungskraft daran irgend einigen Anteil habe. Denn beide bewegende Kräfte sind von ganz verschiedener Art, und es ist nicht der mindeste Grund dazu, eine von der anderen abhängig zu machen, und ihr, ohne Vermittelung der andern, die Möglichkeit abzustreiten.

Anmerkung 2

Aus der Anziehung in der Berührung kann ganz keine[1] Bewegung entspringen; denn die Berührung ist Wechselwirkung der Undurchdringlichkeit, welche also alle Bewegung abhält. Also muß doch irgend eine unmittelbare Anziehung außer der Berührung und mithin in der Entfernung angetroffen werden; denn sonst könnten selbst die drückenden und stoßenden Kräfte, welche die Bestrebung | zur Annäherung hervorbringen sollen, da sie in entgegengesetzter Richtung mit der repulsiven Kraft der Materie wirken, keine, wenigstens nicht in der Natur der Materie ursprünglich liegende, Ursache haben. Man kann diejenige Anziehung, die ohne Vermittelung der repulsiven Kräfte geschieht, die wahre Anziehung, diejenige, welche bloß auf jene Art vor sich geht, die scheinbare nennen; denn eigentlich übt der Körper, dem ein anderer sich bloß darum zu nähern bestrebt ist, weil dieser anderweitig durch Stoß zu ihm getrieben worden, gar keine Anziehungskraft auf diesen aus. Aber selbst diese scheinbare Anziehungen müssen doch zuletzt eine wahre zum Grunde haben, weil Materie, deren Druck

[1] Akad.-Ausg.: »kann gar keine«.

|A 64

oder Stoß statt Anziehung dienen soll, ohne anziehende Kräfte nicht einmal Materie sein würde (Lehrsatz 5) und folglich die Erklärungsart aller Phänomenen der Annäherung durch bloß scheinbare Anziehung sich im Zirkel herumdreht. Man hält gemeiniglich dafür, Newton habe zu seinem System gar nicht nötig gefunden, eine unmittelbare Attraktion der Materien anzunehmen, sondern, mit der strengsten Enthaltsamkeit der reinen Mathematik, hierin den Physikern volle Freiheit gelassen, die Möglichkeit derselben zu erklären, wie sie es gut finden möchten, ohne seine Sätze mit ihrem Hypothesenspiel zu bemengen. Allein wie konnte er den Satz gründen, daß die allgemeine Anziehung der Körper, die sie in gleichen Entfernungen um sich ausüben, der Quantität ihrer Materie proportioniert sei, wenn er nicht an|nahm, daß alle Materie, mithin bloß als Materie und durch ihre wesentliche Eigenschaft, diese Bewegungskraft ausübe? Denn obgleich freilich zwischen zweien Körpern, sie mögen der Materie nach gleichartig sein, oder nicht, wenn der eine den anderen zieht, die wechselseitige Annäherung (nach dem Gesetze der Gleichheit der Wechselwirkung) immer in umgekehrtem Verhältnis der Quantität der Materie geschehen muß, so macht dieses Gesetz doch nur ein Prinzip der Mechanik, aber nicht der Dynamik, d. i. es ist ein Gesetz der Bewegungen, die aus anziehenden Kräften folgen, nicht der Proportion der Anziehungskräfte selbst, und gilt von allen bewegenden Kräften überhaupt. Wenn daher ein Magnet einmal durch einen anderen gleichen Magnet, ein andermal durch eben denselben, der aber in einer zweimal schwereren hölzernen Büchse eingeschlossen wäre, gezogen wird, so wird dieser im letzteren Falle dem ersteren mehr relative Bewegung erteilen, als im ersteren, obgleich das Holz, welches die Quantität der Materie des letzteren vermehrt, zur Anziehungskraft desselben gar nichts hinzutut und keine magnetische Anziehung der Büchse beweiset. Newton sagt (Cor. 2. Prop. 6. Lib. III. Princip. Phil. N.): „wenn der Äther, oder irgend ein anderer Körper ohne Schwere wäre, so würde, da jener von jeder anderen Materie doch in nichts, als der Form, unterschieden ist, er nach und nach durch allmähliche Veränderung dieser Form in eine Materie von der Art, wie die, so auf Erden die meiste | Schwere haben, verwandelt werden können, und diese letztere also umgekehrt, durch allmähliche Veränderung ihrer Form, alle ihre Schwere verlieren können, welches der Erfahrung zuwider ist etc." Er schloß also selbst nicht den Äther (wieviel weniger andere Materien) vom Gesetze der Anziehung aus. Was konnte ihm denn nun noch für eine Materie übrigbleiben, um durch deren Stoß die Annäherung der Körper zu einander als bloße scheinbare Anziehung anzusehen? Also kann man diesen großen Stifter der Attraktionstheorie nicht als seinen Vorgänger anführen, wenn man sich die Freiheit nimmt, der wahren Anziehung, die dieser behauptete, eine scheinbare zu unterschieben, und die Notwendigkeit des Antriebs durch den Stoß anzunehmen, um das Phänomen der Annäherung zu erklären. Er abstrahierte mit Recht von allen Hypothesen, die Frage wegen der Ursache der allgemeinen Attraktion der Materie zu beantworten; denn diese Frage ist physisch, oder metaphysisch, nicht aber mathematisch, und ob er gleich in der Vorerinnerung zur zweiten Ausgabe seiner Optik sagt: ne quis gravitatem inter essentiales corporum proprietates me habere existimet, quaestionem unam de eius causa investiganda subieci,[1] so merkt man wohl, daß der Anstoß, den seine Zeitgenossen, und vielleicht er selbst, am Begriffe einer ursprünglichen Anziehung nahmen, ihn mit sich selbst uneinig machte: denn er konnte schlechterdings nicht sagen, daß sich die Anziehungskräfte zweier Planeten, z. B. des Jupiters und | Saturns, die sie in gleichen Entfernungen ihrer Trabanten (deren Masse man nicht kennt) beweisen, wie die Quantität der Materie jener Weltkörper verhalten, wenn er nicht annahm, daß sie bloß als Materie, mithin nach einer allgemeinen Eigenschaft derselben, andere Materie anzögen.

[1] Übersetzung des Herausgebers: »damit keiner meine, ich zählte die Schwere zu den wesenhaften Eigentümlichkeiten der Körper, habe ich eine Frage über die Erforschung ihrer Ursache angefügt.«

ERKLÄRUNG 7

Eine bewegende Kraft, dadurch Materien nur in der gemeinschaftlichen Fläche der Berührung unmittelbar auf einander wirken können, nenne ich eine Flächenkraft; diejenige aber, wodurch eine Materie auf die Teile der andern auch über die Fläche der Berührung hinaus unmittelbar wirken kann, eine durchdringende Kraft.

Zusatz

Die Zurückstoßungskraft, vermittelst deren die Materie einen Raum erfüllt, ist eine bloße Flächenkraft. Denn die einander berührende Teile begrenzen einer den Wirkungsraum der anderen, und die repulsive Kraft kann keinen entferntern Teil bewegen, ohne vermittelst der dazwischen liegenden, und eine quer durch diese gehende unmittelbare Wirkung einer Materie auf eine andere durch Ausdehnungskräfte ist unmöglich. Dagegen einer Anziehungskraft, vermittelst deren eine Materie einen Raum einnimmt, ohne ihn zu erfüllen, dadurch sie also auf andere entfernte | wirkt durch den leeren Raum, deren Wirkung setzt keine Materie, die dazwischen liegt, Grenzen. So muß nun die ursprüngliche Anziehung, welche die Materie selbst möglich macht, gedacht werden, und also ist sie eine durchdringende Kraft, und dadurch allein jederzeit der Quantität der Materie proportioniert.

LEHRSATZ 8

Die ursprüngliche Anziehungskraft, worauf selbst die Möglichkeit der Materie, als einer solchen beruht, erstreckt sich im Weltraume von jedem Teile derselben auf jeden andern unmittelbar ins Unendliche.

Beweis

Weil die ursprüngliche Anziehungskraft zum Wesen der Materie gehört, so kommt sie auch jedem Teil derselben zu,

|A 68

nämlich unmittelbar auch in die Ferne zu wirken. Setzet nun: es sei eine Entfernung, über welche heraus sie sich nicht erstreckte, so würde diese Begrenzung der Sphäre ihrer Wirksamkeit entweder auf der innerhalb dieser Sphäre liegenden Materie, oder bloß auf der Größe des Raumes, auf welchen sie diesen Einfluß verbreitet, beruhen. Das erstere findet nicht statt; denn diese Anziehung ist eine durchdringende Kraft, und wirkt unmittelbar in der Entfernung, unerachtet aller dazwischen liegenden Materien, durch jeden Raum, als einen lee|ren Raum. Das zweite findet gleichfalls nicht statt. Denn, weil eine jede Anziehung eine bewegende Kraft ist, die einen Grad hat, unter dem ins Unendliche noch immer kleinere gedacht werden können: so würde in der größeren Entfernung zwar ein Grund liegen, den Grad der Attraktion, nach dem Maße der Ausbreitung der Kraft, in umgekehrtem Verhältnisse zu vermindern, niemals aber, sie völlig aufzuheben. Da nun also nichts ist, was die Sphäre der Wirksamkeit der ursprünglichen Anziehung jedes Teils der Materie irgendwo begrenzte, so erstreckt sie sich über alle anzugebende Grenzen auf jede andere Materie, mithin im Weltraume ins Unendliche.

Zusatz 1

Aus dieser ursprünglichen Anziehungskraft, als einer durchdringenden, von aller Materie, mithin in Proportion der Quantität derselben, ausgeübten, und auf alle Materie, in alle mögliche Weiten, ihre Wirkung erstreckenden Kraft, müßte nun, in Verbindung mit der ihr entgegenwirkenden, nämlich zurücktreibenden Kraft, die Einschränkung der letzteren, mithin die Möglichkeit eines in einem bestimmten Grade erfülleten Raumes, abgeleitet werden können, und so würde der dynamische Begriff der Materie, als des Beweglichen, das seinen Raum (in bestimmtem Grade) erfüllt, konstruiert werden. Aber hiezu bedarf man eines Gesetzes des Verhältnisses, sowohl der ursprüng|lichen Anziehung, als Zurückstoßung, in verschiedenen Entfernungen der Materie und ihrer Teile von einander, welches, da es nun lediglich auf dem Unterschiede der Richtung dieser beiden Kräfte (da ein Punkt getrieben wird, sich entweder andern zu nähern, oder sich von ihnen zu entfernen) und auf der Größe des Raumes beruht, in den sich jede dieser Kräfte in verschiedenen Weiten verbreitet, eine reine mathematische Aufgabe ist, die nicht mehr für die Metaphysik gehört, selbst nicht, was die Verantwortung betrifft, wenn es etwa nicht gelingen sollte, den Begriff der Materie auf diese Art zu konstruieren. Denn sie verantwortet bloß die Richtigkeit der unserer Vernunfterkenntnis vergönneten Elemente der Konstruktion, die Unzulänglichkeit und die Schranken unserer Vernunft in der Ausführung verantwortet sie nicht.

Zusatz 2

Da alle gegebene Materie mit einem bestimmten Grade der repulsiven Kraft ihren Raum erfüllen muß, um ein bestimmtes materielles Ding auszumachen, so kann nur eine ursprüngliche Anziehung im Konflikt mit der ursprünglichen Zurückstoßung einen bestimmten Grad der Erfüllung des Raums, mithin Materie möglich machen; es mag nun sein, daß der erstere von der eigenen Anziehung der Teile der zusammengedrückten Materie unter einander, oder von | der Vereinigung derselben mit der Anziehung aller Weltmaterie herrühre.

Die ursprüngliche Anziehung ist der Quantität der Materie proportional und erstreckt sich ins Unendliche. Also kann die dem Maße nach bestimmte Erfüllung eines Raumes durch Materie am Ende nur von der ins Unendliche sich erstreckenden Anziehung derselben bewirkt, und jeder Materie nach dem Maße ihrer Zurückstoßungskraft erteilt werden.

Die *Wirkung* von der allgemeinen Anziehung, die alle Materie auf alle und in allen Entfernungen unmittelbar ausübt, heißt die *Gravitation*; die Bestrebung, in der Richtung der größeren Gravitation sich zu bewegen, ist die *Schwere*. Die Wirkung von der durchgängigen repulsiven Kraft der Teile jeder gegebenen Materie heißt dieser ihre *ursprüngliche Elastizität*. Diese also und die Schwere

|A 71

machen die einzigen a priori einzusehenden allgemeinen Charaktere der Materie, jene innerlich, diese im äußeren Verhältnisse aus; denn auf den Gründen beider beruht die Möglichkeit der Materie selbst: Zusammenhang, wenn er als die wechselseitige Anziehung der Materie, die lediglich auf die Bedingung der Berührung eingeschränkt ist, erklärt wird, gehört nicht zur Möglichkeit der Materie überhaupt, und kann daher a priori als damit verbunden nicht erkannt werden. Diese Eigenschaft würde also nicht metaphysisch, sondern | physisch sein, und daher nicht zu unsern gegenwärtigen Betrachtungen gehören.

Anmerkung 1

Eine kleine Vorerinnerung zum Behufe des Versuchs einer solchen vielleicht möglichen Konstruktion kann ich doch nicht unterlassen beizufügen.

1) Von einer jeden Kraft, die in verschiedene Welten[1] unmittelbar wirkt, und, in Ansehung des Grades, womit sie auf einen jeden in gewisser Weite gegebenen Punkt bewegende Kraft ausübet, nur durch die Größe des Raumes, in welchem sie sich ausbreiten muß, um auf jenen Punkt zu wirken, eingeschränkt wird, kann man sagen: daß sie in allen Räumen, in die sie sich verbreitet, so klein oder groß sie auch sein mögen, immer ein gleiches Quantum ausmache, daß aber der Grad ihrer Wirkung auf jenen Punkt in diesem Raume jederzeit im umgekehrten Verhältnis des Raumes stehe, in welchen sie sich hat verbreiten müssen, um auf ihn wirken zu können. So breitet sie[2] z. B. von einem leuchtenden Punkt das Licht allerwärts in Kugelflächen aus, die mit den Quadraten der Entfernung immer wachsen, und das Quantum der Erleuchtung ist in allen diesen ins Unendliche größeren Kugelflächen im Ganzen immer dasselbe, woraus aber folgt: daß ein in dieser Kugelfläche angenommener gleicher Teil dem Grade nach desto weniger erleuchtet sein müsse, als jene Fläche der Verbreitung eben desselben Lichtquantum größer ist, und so bei allen anderen

[1] Akad.-Ausg.: »Weiten«. – [2] Akad.-Ausg.: »breitet sich«.

|A 72

Kräften und Gesetzen, | nach welchen sie sich entweder in Flächen, oder auch körperlichen Raum verbreiten müssen, um ihrer Natur nach auf entfernte Gegenstände zu wirken. Es ist besser, die Verbreitung einer bewegenden Kraft aus einem Punkt in alle Weiten so vorzustellen, als auf die gewöhnliche Art, wie es unter andern in der Optik geschieht, durch von einem Mittelpunkt auseinander laufende Zirkelstrahlen. Denn da auf solche Art gezogene Linien niemals den Raum, durch den sie gehen, und also auch nicht die Fläche, auf die sie treffen, füllen können, so viel deren auch gezogen oder angelegt werden, welches die unvermeidliche Folge ihrer Divergenz ist, so geben sie nur zu beschwerlichen Folgerungen, diese aber zu Hypothesen Anlaß, die gar wohl vermieden werden könnten, wenn man bloß die Größe der ganzen Kugelfläche in Betrachtung zöge, die von derselben Quantität Licht gleichförmig erleuchtet werden soll, und den Grad der Erleuchtung derselben in jeder Stelle, wie natürlich, in umgekehrtem Verhältnisse ihrer Größe zum Ganzen nimmt, und so bei aller anderer Verbreitung einer Kraft durch Räume von verschiedener Größe.

2) Wenn die Kraft eine unmittelbare Anziehung in der Ferne ist, so muß um desto mehr die Richtungslinie[1] der Anziehung nicht, als ob sie von dem ziehenden Punkte wie Strahlen ausliefen, sondern so, wie sie von allen Punkten der umgebenden Kugelfläche (deren Halbmesser jene gegebene Weite ist) zum ziehenden Punkt zusammenlaufen, vorgestellt werden. Denn selbst die Richtungslinie der | Bewegung zum Punkte hin, der die Ursache und Ziel derselben ist, gibt schon den terminus a quo an, von wo die Linien anfangen müssen, nämlich von allen Punkten der Oberfläche, von dem sie zum ziehenden Mittelpunkte und nicht umgekehrt ihre Richtung haben: denn jene Größe der Fläche bestimmt allein die Menge der Linien, der Mittelpunkt läßt sie unbestimmt.*

* Es ist unmöglich, nach Linien, die sich strahlenweise aus einem Punkte ausbreiten, Flächen in gegebenen Entfernungen als mit der Wir-

[1] Akad.-Ausg.: »so müssen ... die Richtungslinien«.

| 3) Wenn die Kraft eine unmittelbare Zurückstoßung ist, dadurch ein Punkt (in der bloß mathematischen Darstellung) einen Raum dynamisch erfüllt, und es ist die Frage, nach welchem Gesetze der unendlich kleinen Entfernungen (die hier den Berührungen gleich gelten) eine ursprüngliche repulsive Kraft (deren Einschränkung folglich lediglich auf dem Raum beruht, in dem sie verbreitet worden) in verschiedenen Entfernungen wirke: so kann man noch weniger diese Kraft durch divergierende Zurückstoßungsstrahlen aus dem angenommenen repellierenden Pun|kte vorstellig machen, obgleich die Richtung der Bewegung ihn zum terminus a quo hat, weil der Raum, in welchem die Kraft verbreitet werden muß, um in der Entfernung zu wirken, ein

kung derselben, sie sei Erleuchtung oder Anziehung, ganz erfüllt vorzustellen. So würde bei solchen auslaufenden Lichtstrahlen die geringere Erleuchtung einer entferneten Fläche bloß darauf beruhen, daß zwischen den erleuchteten Stellen unerleuchtete, und diese desto größer, je weiter die Fläche entfernt, übrig bleiben. Eulers Hypothese vermeidet diese Unschicklichkeit, hat aber freilich desto mehr Schwierigkeit, die geradlinichte Bewegung des Lichts begreiflich zu machen. Diese Schwierigkeit aber rührt von einer gar wohl vermeidlichen mathematischen Vorstellung der Lichtmaterie, als einer Anhäufung von Kügelchen her, die freilich, nach ihrer verschiedentlich schiefen Lage gegen die Richtung des Stoßes, Seitenbewegung des Lichts geben würde, da an dessen Statt nichts hindert, diese Materie als ein ursprünglich Flüssiges und zwar durch und durch, ohne in feste Körperchen zerteilt zu sein, zu denken. Will der Mathematiker die Abnahme des Lichts bei zunehmender Entfernung anschaulich machen, so bedient er sich auslaufender Zirkelstrahlen, um auf der Kugelflä|che ihrer Verbreitung die Größe des Raumes, darin dieselbe Quantität des Lichts zwischen diesen Zirkelstrahlen gleichförmig verbreitet werden soll, mithin die Verringerung des Grades der Erleuchtung darzustellen; er will aber nicht, daß man diese Strahlen als die einzig erleuchtenden ansehen solle, gleich als ob immer lichtleere Plätze, die bei größerer Weite größer würden, zwischen ihnen anzutreffen wären. Will man jede solcher Flächen als durchaus erleuchtet sich vorstellen, so muß dieselbe Quantität der Erleuchtung, die die kleinere bedeckt, auf der größeren als gleichförmig gedacht werden, und müssen also, um die geradlinichte Richtung anzuzeigen, von der Fläche und allen ihren Punkten zu dem leuchtenden gerade Linien gezogen werden. Die Wirkung und ihre Größe muß vorher gedacht sein und darauf die Ursache verzeichnet werden. Eben dieses gilt von den Anziehungsstrahlen, wenn man sie so nennen will, ja von allen Richtungen der Kräfte, die, von einem Punkte aus, einen Raum, und wäre er auch ein körperlicher, erfüllen sollen.

körperlicher Raum ist, der als erfüllt gedacht werden soll (wovon die Art, wie nämlich ein Punkt durch bewegende Kraft dieses, d. i. dynamisch, einen Raum körperlich erfüllen könne, freilich keiner weiteren mathematischen Darstellung fähig ist), und divergierende Strahlen aus einem Punkte die repellierende Kraft eines körperlichen erfülleten Raumes unmöglich vorstellig machen können: sondern man würde die Zurückstoßung, bei verschiedenen unendlich kleinen Entfernungen dieser einander treibenden Punkte, schlechterdings bloß in umgekehrtem Verhältnisse der körperlichen Räume, die jeder dieser Punkte dynamisch erfüllt, mithin des Kubus der Entfernungen derselben von einander, schätzen, ohne sie konstruieren zu können.

4) Also würde die ursprüngliche Anziehung der Materie in umgekehrtem Verhältnis der Quadrate der Entfernung in alle Weiten, die ursprüngliche Zurückstoßung in umgekehrtem Verhältnis der Würfel der unendlich kleinen Entfernungen wirken, und durch eine solche Wirkung und Gegenwirkung beider Grundkräfte würde Materie von einem bestimmten Grade der Erfüllung ihres Raumes möglich sein; weil, da die Zurückstoßung bei Annäherung der Teile in größerem Maße wächst, als die Anziehung, die Grenze der Annäherung, über die durch gegebene Anzie|hung keine größere möglich ist, mithin auch jener Grad der Zusammendrückung bestimmt ist, der das Maß der intensiven Erfüllung des Raumes ausmacht.

Anmerkung 2

Ich sehe wohl die Schwierigkeit dieser Erklärungsart der Möglichkeit einer Materie überhaupt, die darin besteht, daß, wenn ein Punkt durch repulsive Kraft unmittelbar keinen anderen treiben kann, ohne zugleich den ganzen körperlichen Raum bis zu der gegebenen Entfernung durch seine Kraft zu erfüllen, dieser alsdenn, wie zu folgen scheint, mehrere treibende Punkte enthalten müßte, welches der Voraussetzung widerspricht, und oben (Lehrsatz 4), unter dem Namen einer Sphäre der Zurückstoßung des Einfachen

|A 77

im Raume, widerlegt waren[1]. Es ist aber ein Unterschied zwischen dem Begriffe eines wirklichen Raumes, der gegeben werden kann, und der bloßen Idee von einem Raume, der lediglich zur Bestimmung des Verhältnisses gegebener Räume gedacht wird, in der Tat aber kein Raum ist, zu machen. In dem angeführten Falle einer vermeinten physischen Monadologie sollten es wirkliche Räume sein, welche von einem Punkte dynamisch, nämlich durch Zurückstoßung, erfüllt wären; denn sie existierten, als Punkte, vor aller daraus möglichen Erzeugung der Materie, und bestimmten durch die ihnen eigene Sphäre ihrer Wirksamkeit den Teil des zu erfüllenden Raumes, der ihnen angehören könnte. Daher kann in gedachter Hypothese die Materie auch nicht als ins Un|endliche teilbar und als quantum continuum angesehen werden; denn die Teile, die unmittelbar einander zurückstoßen, haben doch eine bestimmte Entfernung von einander (die Summe der Halbmesser der Sphäre ihrer Zurückstoßung); dagegen, wenn wir, wie es wirklich geschieht, die Materie als stetige Größe denken, ganz und gar keine Entfernung der einander unmittelbar zurückstoßenden Teile stattfindet, folglich auch keine größer oder kleiner werdende Sphäre ihrer unmittelbaren Wirksamkeit. Nun können sich aber Materien ausdehnen, oder zusammengedrückt werden (wie die Luft), und da stellt man sich eine Entfernung ihrer nächsten Teile vor, die da wachsen und abnehmen können[2]. Weil aber die nächsten Teile einer stetigen Materie einander berühren, sie mag nun weiter ausgedehnt oder zusammengedrückt sein, so denkt man sich jene Entfernungen von einander als unendlich-klein, und diesen unendlich kleinen Raum als im größeren oder kleineren Grade von ihrer Zurückstoßungskraft erfüllt vor. Der[3] unendlich kleine Zwischenraum ist aber von der Berührung gar nicht unterschieden, also nur die Idee vom Raume, die dazu dient, um die Erweiterung einer Materie, als stetiger Größe, anschaulich zu machen, ob sie zwar wirklich, so, gar nicht begriffen werden kann.

[1] Akad.-Ausg.: »widerlegt worden«. – [2] Akad.-Ausg.: »abnehmen könne«. – [3] Akad.-Ausg.: »erfüllt. Der«.

|A 78

Wenn es also heißt: die zurückstoßenden Kräfte der einander unmittelbar treibenden Teile der Materie stehen in umgekehrtem Verhältnisse der Würfel ihrer Entfernungen, so bedeutet das nur: sie stehen in umgekehrtem Verhältnisse der körperlichen Räu|me, die man sich zwischen Teilen denkt, die einander dennoch unmittelbar berühren, und deren Entfernung eben darum unendlich klein genannt werden muß, damit sie von aller wirklichen Entfernung unterschieden werde. Man muß also aus den Schwierigkeiten der Konstruktion eines Begriffs, oder vielmehr aus der Mißdeutung derselben, keinen Einwurf wider den Begriff selber machen; denn sonst würde er die mathematische Darstellung der Proportion, mit welcher die Anziehung in verschiedenen Entfernungen geschieht, eben so wohl, als diejenigen, wodurch ein jeder Punkt in einem sich ausdehnenden oder zusammengedrückten Ganzen von Materie den andern unmittelbar zurückstößt, treffen. Das allgemeine Gesetz der Dynamik würde in beiden Fällen dieses sein: die Wirkung der bewegenden Kraft, die von einem Punkte auf jeden anderen außer ihm ausgeübt wird, verhält sich umgekehrt wie der Raum, in welchem dasselbe Quantum der bewegenden Kraft sich hat ausbreiten müssen, um auf diesen Punkt unmittelbar in der bestimmten Entfernung zu wirken.

Aus dem Gesetze der ursprünglich einander zurückstoßenden Teile der Materie in umgekehrtem kubischen Verhältnisse ihrer unendlich kleinen Entfernungen müßte also notwendig ein ganz anderes Gesetz der Ausdehnung und Zusammendrückung derselben, als das Mariottische der Luft, folgen; denn dieses beweiset fliehende Kräfte ihrer nächsten Teile, die in umgekehrtem Verhältnisse ihrer Entfernungen stehen, wie Newton dartut (Princ. Ph. N. | Lib. II. Propos. 23. Schol.). Allein man kann die Ausspannungskraft der letzteren auch nicht als die Wirkung ursprünglich zurückstoßender Kräfte ansehen, sondern sie beruht auf der Wärme, die nicht bloß als eine in sie eingedrungene Materie, sondern allem Ansehen nach durch ihre Erschütterungen die eigentlichen Luftteile (denen man überdem wirkliche Entfernungen von einander zugestehen kann) nötigt, einander zu fliehen. Daß aber diese Bebungen der einander nächsten Teile eine Fliehkraft, die in umgekehrtem Verhältnisse ihrer Entfernungen steht, erteilen müsse, läßt[1] sich nach den Gesetzen der Mitteilung der Bewegung durch Schwingung elastischer Materien wohl begreiflich machen.

Noch erkläre ich, daß ich nicht wolle, daß gegenwärtige Exposition des Gesetzes einer ursprünglichen Zurückstoßung als zur Absicht meiner metapyhsischen Behandlung der Materie notwendig gehörig angesehen, noch die letztere (welcher es genug ist, die Erfüllung des Raums als dynamische Eigenschaft derselben dargestellt zu haben) mit den Streitigkeiten und Zweifeln, welche die erste treffen könnten, bemengt werde.

ALLGEMEINER ZUSATZ ZUR DYNAMIK

Wenn wir nach allen Verhandlungen derselben zurücksehen, so werden wir bemerken: daß darin zuerst das Reelle im Raume (sonst genannt das Solide), in der Erfüllung desselben durch Zurückstoßungskraft, | zweitens das, was in Ansehung des ersteren, als des eigentlichen Objekts unserer äußeren Wahrnehmung, negativ ist, nämlich die Anziehungskraft, durch welche, so viel an ihr ist, aller Raum würde durchdrungen, mithin das Solide gänzlich aufgehoben werden, drittens die Einschränkung der ersteren Kraft durch die zweite und die daher rührende Bestimmung des Grades einer Erfüllung des Raumes in Betrachtung gezogen, mithin die Qualität der Materie unter den Titeln der Realität, Negation und Limitation, so viel es einer metaphysischen Dynamik zukommt, vollständig abgehandelt worden.

ALLGEMEINE ANMERKUNG ZUR DYNAMIK

Das allgemeine Prinzip der Dynamik der materiellen Natur ist: daß alles Reale der Gegenstände äußerer Sinne, die

[1] Akad.-Ausg.: »Bebungen den ... nächsten Teilen ... erteilen müssen, läßt«.

|A 81

das, was nicht[1] bloß Bestimmung des Raums (Ort, Ausdehnung und Figur) ist, als bewegende Kraft angesehen werden müsse; wodurch also das so genannte Solide oder die absolute Undurchdringlichkeit, als ein leerer Begriff, aus der Naturwissenschaft verwiesen und an ihrer Statt zurücktreibende Kraft gesetzt, dagegen aber die wahre und unmittelbare Anziehung gegen alle Vernünfteleien ei|ner sich selbst mißverstehenden Metaphysik verteidigt, und, als Grundkraft, selbst zur Möglichkeit des Begriffs von Materie für notwendig erklärt wird. Hieraus entspringt nun die Folge: daß der Raum, wenn man es nötig finden sollte, auch ohne leere Zwischenräume innerhalb der Materie auszustreuen, allenfalls durchgängig und gleichwohl in verschiedenem Grade erfüllt angenommen werden könne. Denn es kann nach dem ursprünglich verschiedenen Grade der repulsiven Kräfte, auf denen die erste Eigenschaft der Materie, nämlich die, einen Raum zu erfüllen, beruht, ihr Verhältnis zur ursprünglichen Anziehung (es sei einer jeden Materie für sich selbst, oder zur vereinigten Anziehung aller Materie des Universum) unendlich verschieden gedacht werden; weil die Anziehung auf der Menge der Materie in einem gegebenen Raume beruht, da hingegen die expansive Kraft derselben auf dem Grade, ihn zu erfüllen, der spezifisch sehr unterschieden sein kann (wie etwa dieselbe Quantität Luft in demselben Volumen nach ihrer größeren oder minderen Erwägung[2] mehr oder weniger Elastizität beweiset); wovon der allgemeine Grund dieser ist: daß durch wahre Anziehung alle Teile der Materie unmittelbar auf alle Teile der andern, durch expansive Kraft aber nur die in der Berührungsfläche wirken, wobei es einerlei ist, ob hinter dieser viel oder wenig von dieser Materie angetroffen werde. Hieraus allein entspringt nun schon ein großer Vorteil für die Naturwissenschaft, weil ihr dadurch die Last abgenommen | wird, aus dem Vollen und Leeren eine Welt bloß nach der Phantasie zu zimmern, vielmehr alle Räume voll und doch in verschiednem Maße erfüllt gedacht werden können, wodurch

[1] Akad.-Ausg.: »Sinne, was nicht«. – [2] Akad.-Ausg.: »Erwärmung«.

der leere Raum wenigstens seine Notwendigkeit verliert und auf den Wert einer Hypothese zurückgesetzt wird, da er sonst, unter dem Vorwande einer zu Erklärung der verschiedentlichen Grade der Erfüllung des Raums notwendigen Bedingung, sich des Titels eines Grundsatzes anmaßen konnte.

Bei allem diesem ist der Vorteil einer hier methodisch-gebrauchten Metaphysik, in Abstellung gleichfalls metaphysischer, aber nicht auf die Probe der Kritik gebrachter Prinzipien, augenscheinlich nur negativ. Indirekt wird gleichwohl dadurch dem Naturforscher sein Feld erweitert; weil die Bedingungen, durch die er es vorher selbst einschränkte, und wodurch alle ursprüngliche Bewegungskräfte wegphilosophiert wurden, jetzt ihre Gültigkeit verlieren. Man hüte sich aber, über das, was den allgemeinen Begriff einer Materie überhaupt möglich macht, hinaus zu gehen, und die besondere oder so gar spezifische Bestimmung und Verschiedenheit derselben a priori erklären zu wollen. Der Begriff der Materie wird auf lauter bewegende Kräfte zurückgeführt, welches man auch nicht anders erwarten konnte, weil im Raume keine Tätigkeit, keine Veränderung, als bloß Bewegung gedacht werden kann. Allein wer will die Möglichkeit der Grundkräfte einsehen? sie können nur angenommen werden, wenn sie | zu einem Begriff, von dem es erweislich ist, daß er ein Grundbegriff sei, der von keinem anderen weiter abgeleitet werden kann (wie der der Erfüllung des Raums), unvermeidlich gehören, und dieses sind Zurückstoßungs- und ihnen entgegenwirkende Anziehungskräfte überhaupt. Von dieser ihren Verknüpfung und Folgen können wir allenfalls noch wohl a priori urteilen, welche Verhältnisse derselben untereinander man sich, ohne sich selbst zu widersprechen, denken könne, aber sich darum doch nicht anmaßen, eine derselben als wirklich anzunehmen, weil zur Befugnis, eine Hypothese zu errichten, unnachlaßlich gefodert wird: daß die Möglichkeit dessen, was man annimmt, völlig gewiß sei, bei Grundkräften aber die Möglichkeit derselben niemals eingesehen werden kann. Und hierin hat die mathematisch-mechanische Erklärungsart über die metaphysisch-dynamische einen Vorteil, der ihr

|A 84

nicht abgewonnen werden kann, nämlich aus einem durchgehends gleichartigen Stoffe, durch die mannigfaltige Gestalt der Teile, vermittelst eingestreuter leerer Zwischenräume, eine große spezifische Mannigfaltigkeit der Materien, so wohl ihrer Dichtigkeit, als Wirkungsart nach, (wenn fremde Kräfte hinzukommen) zu Stande zu bringen. Denn die Möglichkeit der Gestalten sowohl als der leeren Zwischenräume läßt sich mit mathematischer Evidenz dartun; dagegen, wenn der Stoff selbst in Grundkräfte verwandelt wird (deren Gesetze a priori zu bestimmen, noch weniger aber eine Mannigfaltigkeit derselben, welche zu Erklärung der spezi|fischen Verschiedenheit der Materie zureichte, zuverlässig anzugeben, wir nicht im Stande sind), uns alle Mittel abgehen, diesen Begriff der Materie zu konstruieren, und, was wir allgemein dachten, in der Anschauung als möglich darzustellen. Aber jenen Vorteil büßet dagegen eine bloß mathematische Physik auf der anderen Seite doppelt ein, indem sie erstlich einen leeren Begriff (der absoluten Undurchdringlichkeit) zum Grunde legen, zweitens alle der Materie eigene Kräfte aufgeben muß, und überdem noch mit ihren ursprünglichen Konfigurationen des Grundstoffs und Einstreuung der leeren Räume, nachdem es das Bedürfnis zu erklären erfodert, der Einbildungskraft im Felde der Philosophie mehr Freiheit, ja gar rechtmäßigen Anspruch verstatten muß, als sich wohl mit der Behutsamkeit der letzteren zusammen reimen läßt.

Statt einer hinreichenden Erklärung der Möglichkeit der Materie und ihrer spezifischen Verschiedenheit aus jenen Grundkräften, die ich nicht zu leisten vermag, will ich die Momente, worauf ihre spezifische Verschiedenheit sich insgesamt a priori bringen (obgleich nicht eben so ihrer Möglichkeit nach begreifen) lassen muß, wie ich hoffe, vollständig darstellen. Die zwischen die Definitionen geschobene Anmerkungen werden die Anwendung derselben erläutern.

1. Ein Körper, in physischer Bedeutung, ist eine Materie zwischen bestimmten Grenzen (die also eine Figur hat). Der Raum zwischen diesen Grenzen, | seiner Größe nach betrachtet, ist der Raumesinhalt

(volumen). Der Grad der Erfüllung eines Raumes von bestimmtem Inhalt heißt Dichtigkeit. (Sonst wird der Ausdruck dicht auch absolut gebraucht, für das, was nicht hohl (blasicht, löchericht) ist.) In dieser Bedeutung gibt es eine absolute Dichtigkeit in dem System der absoluten Undurchdringlichkeit, und zwar, wenn eine Materie gar keine leere Zwischenräume enthält. Nach diesem Begriffe von Erfüllung des Raumes stellt man Vergleichungen an, und nennt eine Materie dichter als die andere, die weniger Leeres in sich enthält, bis endlich die, in der kein Teil des Raumes leer ist, vollkommen dicht heißt. Des letzteren Ausdrucks kann man sich nur nach dem bloß mathematischen Begriffe der Materie bedienen, allein im dynamischen System einer bloß relativen Undurchdringlichkeit gibt es kein Maximum oder Minimum der Dichtigkeit, und gleichwohl kann jede noch so dünne Materie doch völlig dicht heißen, wenn sie ihren Raum ganz erfüllt, ohne leere Zwischenräume zu enthalten, mithin ein Kontinuum, nicht ein Interruptum ist; allein sie ist doch in Vergleichung mit einer andern weniger dicht, in dynamischer Bedeutung, wenn sie ihren Raum zwar ganz, aber nicht in gleichem Grade erfüllt. Allein auch in dem letzteren System ist es unschicklich, sich ein Verhältnis der Materien ihrer Dichtigkeit nach zu denken, wenn man sie sich nicht untereinander als spezifisch gleichartig vorstellt, so daß eine aus der andern durch bloße Zusammendrückung erzeugt werden kann. Da nun das letztere nicht eben notwendig | zur Natur aller Materie an sich erforderlich zu sein scheint, so kann zwischen ungleichartigen Materien keine Vergleichung in Ansehung ihrer Dichtigkeit füglich stattfinden, z. B. zwischen Wasser und Quecksilber, obzwar es im Gebrauche ist.

2. Anziehung, so fern sie bloß als in der Berührung wirksam gedacht wird, heißt Zusammenhang. (Zwar tut man durch sehr gute Versuche dar, daß dieselbe Kraft, die in der Berührung Zusammenhang heißt, auch in sehr kleiner Entfernung wirksam befunden werde; allein die Anziehung heißt doch nur Zusammenhang, so fern ich sie bloß in der Berührung denke, der gemeinen Erfahrung

|A 87

gemäß, bei welcher sie in kleinen Entfernungen kaum wahrgenommen wird. Zusammenhang wird gemeinhin für eine ganz allgemeine Eigenschaft der Materie angenommen, nicht, als ob man zu ihr schon durch den Begriff einer Materie geleitet würde, sondern weil die Erfahrung sie allerwärts dartut. Allein diese Allgemeinheit muß nicht *kollektiv* verstanden werden, als ob jede Materie durch diese Art der Anziehung auf jede andere im Weltraume *zugleich* wirkte – dergleichen die der Gravitation ist –, sondern bloß *disjunktiv*, nämlich auf eine oder die andere, von welcher Art Materien sie auch sein mag, die mit ihr in Berührung kommt. Um deswillen, und da diese Anziehung, wie es verschiedene Beweisgründe dartun können, nicht durchdringend, sondern nur Flächenkraft ist, da sie selbst als solche nicht einmal allerwärts nach der Dich|tigkeit sich richtet, da zur völligen Stärke des Zusammenhanges ein vorhergehender Zustand der Flüssigkeit der Materien und der nachmaligen Erstarrung derselben erfoderlich ist und die allergenauste Berührung gebrochener fester Materien in eben denselben Flächen, mit denen sie vorher so stark zusammenhingen, z. B. eines Spiegelglases, wo es einen Riß hat, dennoch bei weitem den Grad der Anziehung nicht mehr verstattet, den es von seiner Erstarrung nach dem Flusse her hatte, so halte ich diese Attraktion in der Berührung für keine Grundkraft der Materie, sondern eine nur abgeleitete; wovon weiter unten ein Mehreres.) *Eine Materie, deren Teile, unerachtet ihres noch so starken Zusammenhanges unter einander, dennoch von jeder noch so kleinen bewegenden Kraft an einander können verschoben werden, ist flüssig. Teile einer Materie werden aber an einander verschoben, wenn sie, ohne das Quantum der Berührung zu vermindern, nur genötigt werden, diese unter einander zu verwechseln. Teile, mithin auch Materien, werden getrennt, wenn die Berührung nicht bloß mit andern verwechselt, sondern aufgehoben, oder ihr Quantum vermindert wird.* Ein *fester* – besser ein *starrer* – *Körper* (corpus rigi-

|A 88

dum) ist der, dessen Teile nicht durch jede Kraft an einander verschoben werden können – die folglich mit einem gewissen Grade von Kraft dem Verschieben widerstehen. – Das Hindernis des Verschiebens der Ma|terien an einander ist die Reibung. Der Widerstand gegen die Trennung sich berührender Materien ist der Zusammenhang. Flüssige Materien erleiden also in ihrer Teilung keine Reibung, sondern, wo diese angetroffen wird, werden die Materien als starr – in größerem oder minderem Grade, deren die letzte[1] Klebrigkeit (viscositas) heißt, wenigstens ihren kleineren Teilen nach, angenommen. Der starre Körper ist spröde, wenn seine Teile nicht können an einander verschoben werden, ohne zu reißen – mithin wenn der Zusammenhang derselben nicht kann verändert, ohne zugleich aufgehoben zu werden. (Man setzt sehr unrichtig den Unterschied der flüssigen und festen Materien in dem verschiedenen Grade des Zusammenhanges ihrer Teile. Denn, um eine Materie flüssig zu nennen, kommt es nicht auf den Grad des Widerstandes an, den sie dem Zerreißen, sondern nur dem Vorschieben ihrer Teile an einander entgegensetzt. Jener kann so groß sein, als man will, so ist dieser doch jederzeit in einer flüssigen Materie = 0. Man betrachte einen Tropfen Wasser. Wenn ein Teilchen innerhalb demselben durch eine noch so große Attraktion der Nebenteile, die es berühren, nach der einen Seite gezogen wird, so wird eben dasselbe doch auch gerade eben so viel nach der entgegengesetzten gezogen, und, da die Attraktionen beiderseitig ihre Wirkungen aufheben, ist das Partikelchen eben so leicht beweglich, als ob es im leeren Raume sich befände, nämlich die Kraft, die es bewegen soll, hat keinen Zusammen|hang zu überwinden, sondern nur die sogenannte Trägheit, die sie bei aller Materie, wenn sie gleich gar nicht womit zusammenhinge, überwinden müßte. Daher wird ein kleines mikroskopisches Tierchen sich so leicht darin bewegen, als ob gar kein Zusammenhang zu trennen wäre. Denn es hat wirklich keinen Zusammenhang des Wassers

[1] Akad.-Ausg.: »deren der letzte«.

aufzuheben und die Berührung desselben unter sich zu vermindern, sondern nur zu verändern. Denket euch aber eben dieses Tierchen, als ob es sich durch die äußere Oberfläche des Tropfens durcharbeiten wollte, so ist erstlich zu merken, daß die wechselseitige Anziehung der Teile dieses Wasserklümpchens es macht, daß sie sich so lange bewegen, bis sie in die größte Berührung untereinander, mithin in die kleinste Berührung mit dem leeren Raum gekommen sind, d. i. eine Kugelgestalt gebildet haben. Wenn nun das genannte Insekt sich über die Oberfläche des Tropfens hinaus zu arbeiten bestrebt ist, so muß es die Kugelgestalt verändern, folglich mehr Berührung des Wassers mit dem leeren Raum und also auch weniger Berührung der Teile desselben untereinander bewirken, d. i. ihren Zusammenhang vermindern, und da widersteht ihm das Wasser allererst durch seinen Zusammenhang, aber nicht innerhalb dem Tropfen, wo die Berührung der Teile untereinander gar nicht vermindert, sondern nur in die Berührung mit andern Teilen verändert wird, mithin diese nicht im mindesten getrennt, sondern nur verschoben worden. Auch kann man auf das mikroskopische Tierchen und zwar aus ähnli|chen Gründen anwenden, was Newton vom Lichtstrahl sagt, daß er nicht durch die dichte Materie, sondern nur durch den leeren Raum zurückgeschlagen werde. Es ist also klar: daß die Vergrößerung des Zusammenhanges der Teile einer Materie ihrer Flüssigkeit nicht den mindesten Abbruch tue. Wasser hängt in seinen Teilen weit stärker zusammen, als man gemeiniglich glaubt, wenn man sich auf den Versuch einer von der Oberfläche des Wassers losgerissenen metallenen Platte verläßt, welcher nichts entscheidet, weil hier das Wasser nicht in der ganzen Fläche der ersten Berührung, sondern in einer viel kleineren reißt, zu welcher es nämlich durch das Verschieben seiner Teile endlich gelangt ist, wie etwa ein Stab von weichem Wachse sich durch ein angehängt Gewichte erstlich dünner ziehen läßt, und alsdenn in einer weit kleineren Fläche reißen muß, als man anfänglich annahm. Was aber in Ansehung unsers Begriffs der Flüssigkeit ganz entscheidend ist, ist dieses: daß f l ü s s i g e Materien auch als solche

|A 91

erklärt werden können, deren jeder Punkt nach allen Direktionen mit eben derselben Kraft sich zu bewegen trachtet, mit welcher er nach irgend einer gedrückt wird; eine Eigenschaft, auf der das erste Gesetz der Hydrodynamik beruht, die aber einer Anhäufung von glatten und dabei festen Körperchen, wie eine ganz leichte Auflösung ihres Drucks nach Gesetzen der zusammengesetzten Bewegung zeigen kann, niemals beigelegt werden kann, und dadurch die Originalität der Eigenschaft der Flüssigkeit | beweiset. Würde nun die flüssige Materie das mindeste Hindernis des Verschiebens, mithin auch nur die kleinste Reibung erleiden, so würde diese mit der Stärke des Druckes, womit die Teile derselben an einander gepreßt werden, wachsen und endlich ein Druck stattfinden, bei welchem die Teile dieser Materie sich nicht an einander durch jede kleine Kraft verschieben lassen; z. B. in einer gebogenen Röhre von zwei Schenkeln, deren der eine so weit sein mag, als man will, der andere so enge als man will, außer daß er nur nicht ein Haarröhrchen ist, – würde, wenn man beide Schenkel einige hundert Fuß hoch denkt, die flüssige Materie in der engen eben so hoch stehen als in der weiten, nach Gesetzen der Hydrostatik. Weil aber der Druck auf den Boden der Röhren und also auch auf den Teil, der beide in Gemeinschaft stehende Röhren verbindet, in Proportion der Höhen ins Unendliche immer größer gedacht werden kann, so müßte, wenn die mindeste Reibung zwischen den Teilen des Flüssigen stattfände, eine Höhe der Röhren gefunden werden können, bei der eine kleine Quantität Wasser, in die engere Röhre gegossen, das in der weiteren nicht aus seiner Lage verrücken, mithin die Wassersäule in dieser höher zu stehen kommen würde, als in jener, weil sich die unteren Teile, bei so großem Drucke derselben gegen einander, nicht mehr durch so kleine bewegende Kraft, als das zugesetzte Gewicht Wasser ist, verschieben ließen, welches der Erfahrung und selbst dem Begriffe des Flüssigen zuwider ist. Eben das|selbe gilt, wenn man statt des Drucks durch die Schwere den Zusammenhang der Teile setzt, er mag so groß sein wie er will. Die angeführte zweite

Definition der Flüssigkeit, worauf das Grundgesetz der Hydrostatik beruht, nämlich daß sie die Eigenschaft einer Materie sei, da ein jeder Teil derselben sich nach allen Seiten mit eben derselben Kraft zu bewegen bestrebt ist, womit er in einer gegebenen Direktion gedrückt wird, folgt aus der ersten Definition, wenn man damit den Grundsatz der allgemeinen Dynamik verbindet, daß alle Materie ursprünglich elastisch sei, da denn diese nach jeder Seite des Raums, darin sie zusammengedrückt ist, mit derselben Kraft sich zu erweitern, d. i. (wenn die Teile einer Materie sich an einander durch jede Kraft ohne Hindernis verschieben lassen, wie es bei der flüssigen so wirklich ist) sich zu bewegen bestrebt sein muß, womit der Druck in einer jeden Richtung, welche es auch sei, geschiehet. Also sind es eigentlich nur die starren Materien (deren Möglichkeit noch außer dem Zusammenhange der Teile eines anderen Erklärungsgrundes bedarf), denen man Reibung beilegen darf, und die Reibung setzt schon die Eigenschaft der Rigidität voraus. Warum aber gewisse Materien, ob sie gleich vielleicht nicht größere, vielleicht wohl gar kleinere Kraft des Zusammenhanges haben, als andere flüssige, dennoch dem Verschieben der Teile so mächtig widerstehen, und daher nicht anders, als durch Aufhebung des Zusammenhanges aller Teile in einer gegebenen Fläche zugleich, sich trennen lassen, welches denn den | Schein eines vorzüglichen Zusammenhanges gibt, wie also starre Körper möglich sein[1], das ist immer noch ein unaufgelösetes Problem, so leicht als auch die gemeine Naturlehre damit fertig zu werden glaubt.)

3. Elastizität (Springkraft) ist das Vermögen einer Materie, ihre durch eine andere bewegende Kraft veränderte Größe oder Gestalt bei Nachlassung derselben wiederum anzunehmen. Sie ist entweder expansive, oder attraktive Elastizität; jene, um nach der Zusammendrückung das vorige größere, diese, um nach der Ausdehnung das vorige kleinere Volumen anzunehmen. (Die attraktive Elastizität ist, wie es schon der Ausdruck zeigt, offenbar abgeleitet. Ein eiserner Draht, durch angehängte Gewichte gedehnt, springt, wenn man das Band

[1] Akad.-Ausg.: »seien«.

|A 94

abschneidet, in sein Volumen zurück. Vermöge derselben Attraktion, die die Ursache seines Zusammenhanges ist, oder bei flüssigen Materien, wenn die Wärme dem Quecksilber plötzlich entzogen würde, würde die Materie desselben eilen, um das vorige kleinere Volumen wieder anzunehmen. Die Elastizität, die bloß in Herstellung der vorigen Figur besteht, ist jederzeit attraktiv, wie an einer gebogenen Degenklinge, da die Teile, auf der konvexen Fläche auseinander gezerret, ihre vorige Naheit anzunehmen trachten, und so kann auch ein kleiner Tropfen Quecksilber elastisch genannt werden. Aber die expansive Elastizität kann eine ursprüngliche, sie kann aber auch eine abgeleitete sein. So hat die Luft eine abgeleitete Elastizität, vermit|telst der Materie der Wärme, welche mit ihr innigst vereinigt ist, und deren Elastizität vielleicht ursprünglich ist. Dagegen muß der Grundstoff des Flüssigen, welches wir Luft nennen, dennoch als Materie überhaupt schon an sich Elastizität haben, welche ursprünglich heißt. Von welcher Art eine wahrgenommene Elastizität sei, ist in vorkommenden Fällen nicht möglich mit Gewißheit zu entscheiden.)

4. *Die Wirkung bewegter Körper auf einander durch Mitteilung ihrer Bewegung heißt mechanisch; die der Materien aber, so fern sie auch in Ruhe durch eigene Kräfte wechselseitig die Verbindung ihrer Teile verändern, heißt chemisch.* Dieser chemische Einfluß heißt *Auflösung*, so fern er die *Trennung der Teile einer Materie zur Wirkung hat* (die mechanische Teilung, z. B. durch einen Keil, der zwischen die Teile einer Materie getrieben wird, ist also, weil der Keil nicht durch eigene Kraft wirkt, von einer chemischen gänzlich unterschieden): derjenige aber, der die Absonderung zweier durch einander aufgelöseten Materien zur Wirkung hat, ist die *Scheidung*. Die Auflösung spezifisch verschiedener Materien durch einander, darin kein Teil der einen angetroffen wird, der nicht mit einem Teil der andern von ihr spezifisch unterschiedenen in derselben Proportion, wie die Ganzen, vereinigt wäre, ist die *absolute Auflösung*, und kann auch die *chemische Durchdrin-*

gung genannt werden. Ob die auflösenden Kräfte, die | in der Natur wirklich anzutreffen sind, eine vollständige Auflösung zu bewirken vermögen, mag unausgemacht bleiben. Hier ist nur die Frage davon, ob sich eine solche nur denken lasse. Nun ist offenbar, daß, so lange die Teile einer aufgelöseten Materie noch Klümpchen (moleculae) sind, nicht minder eine Auflösung derselben möglich sei, als die der größeren, ja daß diese wirklich so lange fortgehen müsse, wenn die auflösende Kraft bleibt, bis kein Teil mehr da ist, der nicht aus dem Auflösungsmittel und der aufzulösenden Materie, in der Proportion, darin beide zu einander im Ganzen stehen, zusammengesetzt wäre. Weil also in solchem Falle kein Teil von dem Volumen der Auflösung sein kann, der nicht einen Teil des auflösenden Mittels enthielte, so muß dieses, als ein Kontinuum, das Volumen ganz erfüllen. Eben so, weil kein Teil eben desselben Volumens der Solution sein kann, der nicht einen proportionierlichen Teil der aufgelöseten Materie enthielte, so muß diese auch als ein Kontinuum den ganzen Raum, der das Volumen der Mischung ausmacht, erfüllen. Wenn aber zwei Materien, und zwar jede derselben ganz, einen und denselben Raum erfüllen, so durchdringen sie einander. Also würde eine vollkommene chemische Auflösung eine Durchdringung der Materien sein, welche dennoch von der mechanischen gänzlich unterschieden wäre, indem bei der letzten gedacht wird, daß bei der größern Annäherung bewegter Materien die repulsive Kraft der einen die der andern gänzlich überwiegen, und | eine, oder beide ihre Ausdehnung auf nichts bringen können; da hingegen hier die Ausdehnung bleibt, nur daß die Materien nicht außer einander, sondern in einander, d. i. durch Intussuszeption (wie man es zu nennen pflegt), zusammen einen der Summe ihrer Dichtigkeit gemäßen Raum einnehmen. Gegen die Möglichkeit dieser vollkommenen Auflösung und also der chemischen Durchdringung ist schwerlich etwas einzuwenden, obgleich sie eine vollendete Teilung ins Unendliche enthält, die in diesem Falle doch keinen Widerspruch in sich faßt, weil die Auflösung eine Zeit hindurch kontinuierlich, mithin gleichfalls durch eine unendliche Reihe Augenblicke mit Akzeleration geschieht, überdem durch die Teilung die Summe der Oberflächen der noch zu teilenden Materien wachsen, und, da die auflösende Kraft kontinuierlich wirkt, die gänzliche Auflösung in einer anzugebenden Zeit vollendet werden kann. Die Unbegreiflichkeit einer solchen chemischen Durchdringung zweier Materien ist auf Rechnung der Unbegreiflichkeit der Teilbarkeit eines jeden Kontinuum überhaupt ins Unendliche zu schreiben. Geht man von dieser vollständigen Auflösung ab, so muß man annehmen, sie ginge nur bis gewissen [1] kleinen Klumpen der aufzulösenden Materie, die in dem Auflösungsmittel in gesetzten Weiten von einander schwimmen, ohne daß man den mindesten Grund angeben kann, warum diese Klümpchen, da sie doch immer teilbare Materien sind, nicht gleichfalls aufgelöset werden. Denn, daß das Auflösungsmittel nicht weiter wir|ke, mag immer in der Natur, so weit Erfahrung reicht, seine gute Richtigkeit haben; es ist hier aber nur die Rede von der Möglichkeit einer auflösenden Kraft, die auch dieses Klümpchen und so ferner jedes andere, was noch übrig bleibt, auflöse, bis die Solution vollendet ist. Das Volumen, was die Auflösung einnimmt, kann der Summe der Räume, die die einander auflösende Materien vor der Mischung einnahmen, gleich, oder kleiner, oder auch größer sein, nachdem die anziehenden Kräfte gegen die Zurückstoßungen in Verhältnis stehen. Sie machen in der Auflösung jedes für sich [2] und beide vereinigt ein elastisches Medium aus. Dieses kann auch allein einen hinreichenden Grund angeben, warum die aufgelösete Materie sich durch ihre Schwere nicht wiederum vom auflösenden Mittel scheide. Denn die Anziehung des letzteren, da sie nach allen Seiten gleich stark geschieht, hebt ihren Widerstand selbst auf, und eine gewisse Klebrigkeit im Flüssigen anzunehmen, stimmt auch gar nicht mit der großen Kraft, die dergleichen aufgelösete Materien, z. B. die Säuren, mit Wasser verdünnt, auf metallische Körper ausüben, an die sie sich nicht bloß anlegen, wie es geschehen müßte, wenn sie bloß in ihrem Medium

[1] Akad.-Ausg.: »bis zu gewissen«. – [2] Akad.-Ausg.: »jede für sich«.

schwömmen, sondern die sie mit großer Anziehungskraft von einander trennen, und im ganzen Raume des Vehikels verbreiten. Gesetzt auch, daß die Kunst keine chemische Auflösungskräfte dieser Art, die eine vollständige Auflösung bewirkten, in ihrer Gewalt hätte, so könnte doch vielleicht die Natur sie in ihren vege|tabilischen und animalischen Operationen beweisen, und dadurch vielleicht Materien erzeugen, die, ob sie zwar gemischt sind, doch keine Kunst wiederum scheiden kann. Diese chemische Durchdringung könnte auch selbst da angetroffen werden, wo die eine beider Materien durch die andere eben nicht zertrennt und im buchstäblichen Sinne aufgelöset wird, so wie etwa der Wärmestoff die Körper durchdringt, da, wenn er sich nur in leere Zwischenräume derselben verteilete, die feste Substanz selbst kalt bleiben würde, weil diese nichts von ihr einnehmen könnte. Imgleichen könnte man sich so gar einen scheinbarlich freien Durchgang gewisser Materien durch andere auf solche Weise denken, z. B. der magnetischen Materie, ohne ihr dazu offene Gänge und leere Zwischenräume in allen selbst den dichtesten Materien vorzubereiten. Doch es ist hier nicht der Ort, Hypothesen zu besonderen Erscheinungen, sondern nur das Prinzip, wornach sie alle zu beurteilen sind, ausfindig zu machen. Alles, was uns der Bedürfnis überhebt, zu leeren Räumen unsere Zuflucht zu nehmen, ist wirklicher Gewinn für die Naturwissenschaft. Denn diese geben gar zu viel Freiheit der Einbildungskraft, den Mangel der inneren Naturkenntnis durch Erdichtung zu ersetzen. Das absolut Leere und das absolut Dichte sind in der Naturlehre ohngefähr das, was der blinde Zufall und das blinde Schicksal in der metaphysischen Weltwissenschaft sind, nämlich ein Schlagbaum für die herrschende Vernunft, damit entweder Erdichtung ihre Stelle einnehme, oder sie | auf dem Polster dunkler Qualitäten zur Ruhe gebracht werde.

Was nun aber das Verfahren in der Naturwissenschaft in Ansehung der vornehmsten aller ihrer Aufgaben, nämlich der Erklärung einer ins Unendliche möglichen spezifischen Verschiedenheit der Materien betrifft, so kann man dabei nur zwei Wege einschlagen: den mechanischen,

|A 99, 100

durch die Verbindung des Absolutvollen mit dem Absolutleeren, oder einen ihm entgegengesetzten *dynamischen* Weg, durch die bloße Verschiedenheit in der Verbindung der ursprünglichen Kräfte der Zurückstoßung und Anziehung alle Verschiedenheiten der Materien zu erklären. Der erste hat zu Materialien seiner Ableitung die *Atomen* und das *Leere*. Ein Atom ist ein kleiner Teil der Materie, der physisch unteilbar ist. Physisch *unteilbar* ist eine Materie, deren Teile mit einer Kraft zusammenhängen, die durch keine in der Natur befindliche bewegende Kraft überwältigt werden kann. Ein Atom, so fern er sich durch seine Figur von andern spezifisch unterscheidet, heißt ein *erstes Körperchen*. Ein Körper (oder Körperchen), dessen bewegende Kraft von seiner Figur abhängt, heißt *Maschine*. Die Erklärungsart der spezifischen Verschiedenheit der Materien durch die Beschaffenheit und Zusammensetzung ihrer kleinsten Teile, als Maschinen, ist die *mechanische Naturphilosophie*: diejenige aber, welche aus Materien, nicht als Maschinen, d. i. bloßen Werkzeugen äußerer bewegenden Kräfte, sondern | ihnen ursprünglich eigenen bewegenden Kräften der Anziehung und Zurückstoßung die spezifische Verschiedenheit der Materie ableitet, kann die *dynamische Naturphilosophie* genannt werden. (Die mechanische Erklärungsart, da sie der Mathematik am fugsamsten ist, hat unter dem Namen der *Atomistik* oder *Korpuskularphilosophie* mit weniger Abänderung vom alten *Demokrit* an bis auf *Cartesen* und selbst bis zu unseren Zeiten immer ihr Ansehen und Einfluß auf die Prinzipien der Naturwissenschaft erhalten. Das Wesentliche derselben besteht in der Voraussetzung der *absoluten Undurchdringlichkeit* der primitiven Materie, in der *absoluten Gleichartigkeit* dieses Stoffs und dem allein übrig gelassenen Unterschiede in der Gestalt, und in der *absoluten Unüberwindlichkeit* des Zusammenhanges der Materie in diesen Grundkörperchen selbst. Dies waren die *Materialien* zu Erzeugung der spezifisch verschiedenen Materien, um nicht allein zu der Unveränderlichkeit der Gattungen und Arten einen unveränderlichen und gleichwohl verschie-

|A 101

dentlich gestalteten Grundstoff bei Hand zu haben, sondern auch aus der Gestalt dieser ersten Teile, als Maschinen (denen nichts weiter, als eine äußerlich eingedrückte Kraft fehlte), die mancherlei Naturwirkungen mechanisch zu erklären. Die erste und vornehmste Beglaubigung dieses Systems aber beruht auf der vorgeblich unvermeidlichen Notwendigkeit, zum spezifischen Unterschiede der Dichtigkeit der Materien leere Räume zu brauchen, die man innerhalb der Mate|rien und zwischen jenen Partikeln verteilt, in einer Proportion, wie man sie nötig fand, zum Behuf einiger Erscheinungen gar so groß, daß der erfüllete Teil des Volumens, auch der dichtesten Materie, gegen den leeren beinahe für nichts zu halten ist, annahm. – Um nun eine dynamische Erklärungsart einzuführen (die der Experimentalphilosophie weit angemessener und beförderlicher ist, indem sie geradezu darauf leitet, die den Materien eigene bewegende Kräfte und deren Gesetze auszufinden, die Freiheit dagegen einschränkt, leere Zwischenräume und Grundkörperchen von bestimmten Gestalten anzunehmen, die sich beide durch kein Experiment bestimmen und ausfindig machen lassen), ist es gar nicht nötig, neue Hypothesen zu schmieden, sondern allein das Postulat der bloß mechanischen Erklärungsart: daß es unmöglich sei, sich einen spezifischen Unterschied der Dichtigkeit der Materien ohne Beimischung leerer Räume zu denken, durch die bloße Anführung einer Art, wie er sich ohne Widerspruch denken lasse, zu widerlegen. Denn wenn das gedachte Postulat, worauf die bloß mechanische Erklärungsart fußet, nur erst als Grundsatz für ungültig erkläret worden, so versteht es sich von selbst, daß man es als Hypothese in der Naturwissenschaft nicht aufnehmen müsse, so lange noch eine Möglichkeit übrig bleibt, den spezifischen Unterschied der Dichtigkeiten sich auch ohne alle leere Zwischenräume zu denken. Diese Notwendigkeit aber beruht darauf, daß die Materie nicht (wie bloß mechanische Naturforscher annehmen) | durch absolute Undurchdringlichkeit ihren Raum erfüllt, sondern durch repulsive Kraft, die ihren Grad hat, der in verschiedenen Materien

|A 102, 103

verschieden sein kann, und, da er für sich nichts mit der Anziehungskraft, welche der Quantität der Materie gemäß ist, gemein hat, sie bei einerlei Anziehungskraft in verschiedenen Materien dem Grade nach als ursprünglich[1] verschieden sein könne, folglich auch der Grad der Ausdehnung dieser Materien bei derselben Quantität der Materie und umgekehrt die Quantität der Materie unter demselben Volumen, d. i. die Dichtigkeit derselben ursprünglich gar große spezifische Verschiedenheiten zulasse. Auf diese Art würde man es nicht unmöglich finden, sich eine Materie zu denken (wie man sich etwa den Äther vorstellt), die ihren Raum ohne alles Leere ganz erfüllete und doch mit ohne Vergleichung minderer Quantität der Materie unter gleichem Volumen, als alle Körper, die wir unseren Versuchen unterwerfen können. Die repulsive Kraft muß am Äther, in Verhältnis auf die eigene Anziehungskraft desselben, ohne Vergleichung größer gedacht werden, als an allen andern uns bekannten Materien. Und das ist denn auch das einzige, was wir bloß darum annehmen, weil es sich denken läßt, nur zum Widerspiel einer Hypothese (der leeren Räume), die sich allein auf das Vorgeben stützt, daß sich dergleichen ohne leere Räume nicht denken lasse. Denn außer diesem darf weder irgend ein Gesetz der anziehenden, noch zurückstoßenden Kraft auf Mutmaßungen a priori gewagt, son|dern alles, selbst die allgemeine Attraktion, als Ursache der Schweren, muß samt ihrem Gesetze aus Datis der Erfahrung geschlossen werden. Noch weniger wird dergleichen bei den chemischen Verwandtschaften anders, als durch den Weg des Experiments versucht werden dürfen. Denn es ist überhaupt über den Gesichtskreis unserer Vernunft gelegen, ursprüngliche Kräfte a priori ihrer Möglichkeit nach einzusehen, vielmehr besteht alle Naturphilosophie in der Zurückführung gegebener, dem Anscheine nach verschiedener, Kräfte auf eine geringere Zahl Kräfte und Vermögen, die zu Erklärung der Wirkungen der ersten zulangen, welche Reduktion aber nur bis zu Grundkräften fortgeht, über die unsere Vernunft nicht hinaus kann. Und so ist Nachfor-

[1] Akad.-Ausg.: »nach ursprünglich«.

|A 104

schung der Metaphysik, hinter dem, was dem empirischen Begriffe der Materie zum Grunde liegt, nur zu der Absicht nützlich, die Naturphilosophie, so weit als es immer möglich ist, auf die Erforschung der dynamischen Erklärungsgründe zu leiten, weil diese allein bestimmte Gesetze, folglich wahren Vernunftzusammenhang der Erklärungen, hoffen lassen.

Dies ist nun alles, was Metaphysik zur Konstruktion des Begriffs der Materie, mithin zum Behuf der Anwendung der Mathematik auf Naturwissenschaft, in Ansehung der Eigenschaften, wodurch Materie einen Raum in bestimmtem Maße erfüllet, nur immer leisten kann, nämlich diese Eigenschaften als dynamisch anzusehen und nicht als unbedingte ursprüngliche Positionen, wie sie et|wan eine bloß mathematische Behandlung postulieren würde.

Den Beschluß kann die bekannte Frage, wegen der Zulässigkeit leerer Räume in der Welt, machen. Die Möglichkeit derselben läßt sich nicht streiten. Denn zu allen Kräften der Materie wird Raum erfodert, und, da dieser auch die Bedingungen der Gesetze der Verbreitung jener enthält, notwendig vor aller Materie vorausgesetzt. So wird der Materie Attraktionskraft beigelegt, so fern sie einen Raum um sich durch Anziehung einnimmt, ohne ihn gleichwohl zu erfüllen, der also selbst da, wo Materie wirksam ist, als leer gedacht werden kann, weil sie da nicht durch Zurückstoßungskräfte wirksam ist und ihn also nicht erfüllt. Allein leere Räume als wirklich anzunehmen, dazu kann uns keine Erfahrung, oder Schluß aus derselben, oder notwendige Hypothesis, sie zu erklären, berechtigen. Denn alle Erfahrung gibt uns nur komparativ-leere Räume zu erkennen, welche, nach allen beliebigen Graden aus der Eigenschaft der Materie, ihren Raum mit größerer oder bis ins Unendliche immer kleinerer Ausspannungskraft zu erfüllen, vollkommen erklärt werden können, ohne leere Räume zu bedürfen.

|A 105

| DRITTES HAUPTSTÜCK

METAPHYSISCHE ANFANGSGRÜNDE DER MECHANIK

ERKLÄRUNG 1

Materie ist das Bewegliche, so fern es, als ein solches, bewegende Kraft hat.

Anmerkung

Dieses ist nun die dritte Definition von einer Materie. Der bloß dynamische Begriff konnte die Materie auch als in Ruhe betrachten; die bewegende Kraft, die da in Erwägung gezogen wurde, betraf bloß die Erfüllung eines gewissen Raumes, ohne daß die Materie, die ihn erfüllete, selbst als bewegt angesehen werden durfte. Die Zurückstoßung war daher eine ursprünglich-bewegende Kraft, um Bewegung zu erteilen; dagegen wird in der Mechanik die Kraft einer in Bewegung gesetzten Materie betrachtet, um diese Bewegung einer anderen mitzuteilen. Es ist aber klar, daß das Bewegliche durch seine Bewegung keine bewegende Kraft haben würde, wenn es nicht ursprünglich-bewegende Kräfte besäße, dadurch es vor aller eigener Bewegung in jedem Orte, da es sich befindet, wirksam ist, und daß keine Materie eine andere[1], | die ihrer Bewegung in der geraden Linie vor ihr im Wege liegt, gleichmäßige Bewegung eindrücken würde, wenn beide nicht ursprüngliche Gesetze der Zurückstoßung besäßen, noch daß sie eine andere durch ihre Bewegung nötigen könne, in der geraden Linie ihr zu folgen (sie nachschleppen könnte), wenn beide nicht Anziehungskräfte besäßen. Also setzen alle mechanische Gesetze die dynamische voraus, und eine Materie, als bewegt, kann keine bewegende Kraft haben, als nur vermittelst ihrer Zurückstoßung oder Anziehung, auf welche und mit welchen sie in ihrer Bewegung unmittelbar wirkt und dadurch ihre eigene Bewegung einer anderen mitteilt. Man wird es mir nachsehen, daß ich der Mitteilung der Bewegung durch An-

[1] Akad.-Ausg.: »einer anderen«.

ziehung (z. B. wenn etwa ein Komet, von stärkerem Anziehungsvermögen als die Erde, im Vorbeigehen vor derselben sie nach sich fortschleppte) hier nicht weiter Erwähnung tun werde, sondern nur der Vermittelung der repulsiven Kräfte, also durch Druck (wie vermittelst gespannter Federn), oder durch Stoß, da ohnedem die Anwendung der Gesetze der einen auf die der anderen nur in Ansehung der Richtungslinie verschieden, übrigens aber in beiden Fällen einerlei ist.

ERKLÄRUNG 2

Die Quantität der Materie ist die Menge des Beweglichen in einem bestimmten Raum. Dieselbe, so fern alle ihre Teile in ihrer Bewe|gung als zugleich wirkend (bewegend) betrachtet werden, heißt die Masse, und man sagt, eine Materie wirke in Masse, wenn alle ihre Teile in einerlei Richtung bewegt außer sich zugleich ihre bewegende Kraft ausüben. Eine Masse von bestimmter Gestalt heißt ein Körper (in mechanischer Bedeutung). Die Größe der Bewegung (mechanisch geschätzt) ist diejenige, die durch die Quantität der bewegten Materie und ihre Geschwindigkeit zugleich geschätzt wird; phoronomisch besteht sie bloß in dem Grade der Geschwindigkeit.

LEHRSATZ 1

Die Quantität der Materie kann in Vergleichung mit jeder anderen nur durch die Quantität der Bewegung bei gegebener Geschwindigkeit geschätzt werden.

Beweis

Die Materie ist ins Unendliche teilbar, folglich kann keiner ihre Quantität durch eine Menge ihrer Teile unmittelbar bestimmt werden. Denn wenn dieses auch in der Vergleichung der gegebenen Materie mit einer gleichartigen geschieht, in welchem Falle die Quantität der Materie der Größe des Volumens | proportional ist, so ist dieses doch der

Foderung des Lehrsatzes, daß sie in Vergleichung mit jeder anderen (auch spezifisch verschiedenen) geschätzt werden soll, zuwider. Also kann die Materie, weder unmittelbar, noch mittelbar, in Vergleichung mit jeder andern gültig geschätzt werden, so lange man von ihrer eigenen Bewegung abstrahiert. Folglich ist kein anderes allgemein gültiges Maß derselben als die Quantität ihrer Bewegung übrig. In dieser aber kann der Unterschied der Bewegung, der auf der verschiedenen Quantität der Materien beruht, nur alsdenn gegeben werden, wenn die Geschwindigkeit unter den verglichenen Materien als gleich angenommen wird, folglich u.s.w.

Zusatz

Die Quantität der Bewegung der Körper ist in zusammengesetztem Verhältnis aus dem der Quantität ihrer Materie und ihrer Geschwindigkeit, d. i. es ist einerlei, ob ich die Quantität der Materie eines Körpers doppelt so groß mache, und die Geschwindigkeit behalte, oder ob ich die Geschwindigkeit verdoppele und eben diese Masse behalte. Denn der bestimmte Begriff von einer Größe ist nur durch die Konstruktion des Quantum möglich. Diese ist aber in Ansehung des Begriffs der Quantität nichts als die Zusammensetzung des Gleichgeltenden; folglich ist die Konstruktion der Quantität einer Bewegung die Zusammensetzung vieler einander gleichgeltender Bewegungen. | Nun ist es nach den phoronomischen Lehrsätzen einerlei, ob ich einem Beweglichen einen gewissen Grad Geschwindigkeit oder vielen gleich Beweglichen alle kleinere Grade der Geschwindigkeit erteile, die aus der durch die Menge des Beweglichen dividierten gegebenen Geschwindigkeit herauskommen. Hieraus entspringt zuerst ein, dem Anscheine nach, phoronomischer Begriff von der Quantität einer Bewegung, als zusammengesetzt aus viel Bewegungen außer einander, aber doch in einem Ganzen vereinigter, beweglicher Punkte. Werden nun diese Punkte als etwas gedacht, was durch seine Bewegung bewegende Kraft hat, so entspringt daraus der mechanische Begriff von der Quantität der Bewegung.

|A 110

In der Phoronomie aber ist es nicht tunlich, sich eine Bewegung als aus vielen *außerhalb einander* befindlichen zusammengesetzt vorzustellen, weil das Bewegliche, da es daselbst ohne alle bewegende Kraft vorgestellt wird, in aller Zusammensetzung mit mehreren seiner Art keinen Unterschied der Größe der Bewegung gibt, als die mithin bloß in der Geschwindigkeit besteht. Wie die Quantität der Bewegung eines Körpers zu der eines anderen, so verhält sich auch die Größe ihrer Wirkung, aber wohl zu verstehen, der *ganzen* Wirkung. Diejenige, welche bloß die Größe eines mit Widerstande erfülleten Raums (z. B. die Höhe, zu welcher ein Körper mit einer gewissen Geschwindigkeit wider die Schwere steigen, oder | die Tiefe, zu der derselbe in weiche Materien dringen kann) zum Maße der ganzen Wirkung annahmen, brachten ein anderes Gesetz der bewegenden Kräfte *bei wirklichen* Bewegungen heraus, nämlich das des zusammengesetzten Verhältnisses aus dem der Quantität der Materien und der Quadrate ihrer Geschwindigkeiten; allein sie übersahen die Größe der Wirkung in der gegebenen Zeit, in welcher der Körper seinen Raum mit kleinerer Geschwindigkeit zurücklegt, und diese kann doch allein das Maß einer durch einen gegebenen gleichförmigen Widerstand erschöpften Bewegung sein. Es kann also auch kein Unterschied zwischen lebendigen und toten Kräften stattfinden, wenn die bewegende Kräfte mechanisch, d.i. als diejenige, die die Körper haben, so fern sie selbst bewegt sind, betrachtet werden, es mag nun die Geschwindigkeit ihrer Bewegung endlich oder unendlich klein sein (bloße Bestrebung zur Bewegung); vielmehr würde man weit schicklicher diejenigen Kräfte, womit die Materie, wenn man auch von ihrer eigenen Bewegung, auch so gar von der Bestrebung, sich zu bewegen, gänzlich abstrahiert, in andere wirkt, folglich die ursprünglich bewegende Kräfte der Dynamik tote Kräfte, alle mechanisch, d.i. durch eigene Bewegung bewegende Kräfte dagegen lebendige Kräfte nennen können, ohne auf den Unterschied der Geschwindigkeit zu sehen, deren Grad auch unend|lich klein sein darf, wenn ja noch diese Benennungen toter und lebendiger Kräfte beibehalten zu werden verdienten.

Anmerkung

Wir wollen, um Weitläuftigkeit zu vermeiden, die Erläuterung der vorstehenden drei Sätze in einer Anmerkung zusammenfassen.

Daß die Quantität der Materie nur als die Menge des Beweglichen (außerhalb einander) könne gedacht werden, wie die Definition es aussagt, ist ein merkwürdiger und Fundamentalsatz der allgemeinen Mechanik. Denn dadurch wird angezeigt: daß Materie keine andere Größe habe, als die, welche in der *Menge* des Mannigfaltigen *außerhalb einander* besteht, folglich auch keinen *Grad* der bewegenden Kraft mit gegebener Geschwindigkeit, der von dieser Menge unabhängig wäre und bloß als intensive Größe betrachtet werden könnte, welches allerdings stattfinden würde, wenn die Materie aus Monaden bestände, deren Realität in aller Beziehung einen Grad haben muß, welcher größer oder kleiner sein kann, ohne von einer Menge der Teile außer einander abzuhängen. Was den Begriff der Masse in eben derselben Erklärung betrifft, so kann man ihn nicht, wie gewöhnlich, mit dem der Quantität für einerlei halten. Flüssige Materien können durch ihre eigene Bewegung in Masse, sie können aber auch im Flusse wirken. Im sogenannten Wasserhammer wirkt das anstoßende Wasser in Masse, d. i. mit allen seinen Teilen zugleich; eben | das geschieht auch im Wasser, welches, in einem Gefäße eingeschlossen, durch sein Gewicht auf die Wagschale, darauf es steht, drückt. Dagegen wirkt das Wasser eines Mühlbachs auf die Schaufel des unterschlägigen Wasserrades nicht in Masse, d. i. mit allen seinen Teilen, die gegen diese anlaufen, zugleich, sondern nur nach einander. Wenn also hier die Quantität der Materie, die, mit einer gewissen Geschwindigkeit bewegt, die bewegende Kraft hat, bestimmt werden soll, so muß man allererst den *Wasserkörper*, d. i. diejenige Quantität der Materie, die, wenn sie in Masse mit einer gewissen Geschwindigkeit wirkt (mit ihrer Schwere), dieselbe Wirkung hervorbringen kann, suchen. Daher versteht man auch gewöhnlich unter dem Worte *Masse* die Quantität

|A 113

der Materie eines festen Körpers (das Gefäß, darin ein Flüssiges eingeschlossen ist, vertritt auch die Stelle der Festigkeit desselben). Was endlich den Lehrsatz mit dem angehängten Zusatz zusammen betrifft, so liegt darin etwas Befremdliches: daß, nach dem ersteren, die Quantität der Materie durch die Quantität der Bewegung mit gegebener Geschwindigkeit, nach dem zweiten aber wiederum die Quantität der Bewegung (eines Körpers; denn die eines Punkts besteht bloß aus dem Grade der Geschwindigkeit) bei derselben Geschwindigkeit durch die Quantität der bewegten Materie geschätzt werden müsse, welches im Zirkel herum zu gehen und weder von einem noch dem anderen einen bestimmten Begriff zu versprechen scheint. Allein dieser vermeinte Zirkel würde | es würklich sein, wenn er eine wechselseitige Ableitung zweier identischen Begriffe von einander wäre. Nun aber enthält er nur einerseits die Erklärung eines Begriffs, anderer Seits die der Anwendung desselben auf Erfahrung. Die Quantität des Beweglichen im Raume ist die Quantität der Materie; aber diese Quantität der Materie (die Menge des Beweglichen) beweiset sich in der Erfahrung nur allein durch die Quantität der Bewegung bei gleicher Geschwindigkeit (z. B. durchs Gleichgewicht).

Noch ist zu merken, daß die Quantität der Materie die Quantität der Substanz im Beweglichen sei, folglich nicht die Größe einer gewissen Qualität derselben (der Zurückstoßung, oder Anziehung, die in der Dynamik angeführt werden), und daß das Quantum der Substanz hier nichts anderes als die bloße Menge des Beweglichen bedeute, welches die Materie ausmacht. Denn nur diese Menge des Bewegten kann bei derselben Geschwindigkeit einen Unterschied in der Quantität der Bewegung geben. Daß aber die bewegende Kraft, die eine Materie in ihrer eigenen Bewegung hat, allein die Quantität der Substanz beweise, beruht auf dem Begriffe der letzteren als dem letzten Subjekt (das weiter kein Prädikat von einem andern ist) im Raume, welches eben darum keine andere Größe haben kann, als die der Menge des Gleichartigen außerhalb einander. Da nun die eigene Bewegung der Materie ein

|A 114

Prädikat ist, welches ihr Subjekt (das Bewegliche) bestimmt, und an einer Materie, als einer Menge des Be|weglichen, die Vielheit der bewegten Subjekte (bei gleicher Geschwindigkeit auf gleiche Art) angibt, welches bei dynamischen Eigenschaften, deren Größe auch die Größe der Wirkung von einem einzigen Subjekte sein kann (z. B. da ein Luftteilchen mehr oder weniger Elastizität haben kann), nicht der Fall ist, so erhellet daraus, wie die Quantität der Substanz an einer Materie nur mechanisch, d. i. durch die Quantität der eigenen Bewegung derselben, und nicht dynamisch, durch die Größe der ursprünglich bewegenden Kräfte, geschätzt werden müsse. Gleichwohl kann die ursprüngliche Anziehung, als die Ursache der allgemeinen Gravitation, doch ein Maß der Quantität der Materie und ihrer Substanz abgeben (wie das wirklich in der Vergleichung der Materien durch Abwiegen geschieht), obgleich hier nicht eigene Bewegung der anziehenden Materie, sondern ein dynamisch Maß, nämlich Anziehungskraft, zum Grunde gelegt zu sein scheint. Aber, weil bei dieser Kraft die Wirkung einer Materie mit allen ihren Teilen unmittelbar, auf alle Teile einer andern, geschieht, und also (bei gleichen Entfernungen) offenbar der Menge der Teile proportioniert ist, der ziehende Körper sich dadurch auch selbst eine Geschwindigkeit der eigenen Bewegung erteilt (durch den Widerstand des gezogenen), welche, in gleichen äußeren Umständen, gerade der Menge seiner Teile proportioniert ist, so geschieht die Schätzung hier, obzwar nur indirekt, doch in der Tat mechanisch.

| LEHRSATZ 2

Erstes Gesetz der Mechanik. Bei allen Veränderungen der körperlichen Natur bleibt die Quantität der Materie im Ganzen dieselbe, unvermehrt und unvermindert.

Beweis

(Aus der allgemeinen Metaphysik wird der Satz zum Grunde gelegt, daß bei allen Veränderungen der Natur keine

|A 115, 116

Substanz weder entstehe noch vergehe, und hier wird nur dargetan, was in der Materie die Substanz sei.) In jeder Materie ist das Bewegliche im Raume das letzte Subjekt aller der Materie inhärierenden Akzidenzen, und die Menge dieses Beweglichen außerhalb einander die Quantität der Substanz. Also ist die Größe der Materie, der Substanz nach, nichts anders, als die Menge der Substanzen, daraus sie besteht. Es kann also die Quantität der Materie nicht vermehrt oder vermindert werden, als dadurch, daß neue Substanz derselben entsteht oder vergeht. Nun entsteht und vergeht bei allem Wechsel der Materie die Substanz niemals; also wird auch die Quantität der Materie dadurch weder vermehrt, noch vermindert, sondern bleibt immer dieselbe und zwar im Ganzen, d.i. so, daß sie irgend in der Welt in derselben Quantität fortdauert, obgleich diese oder jene | Materie durch Hinzukunft oder Absonderung der Teile vermehrt oder vermindert werden kann.

Anmerkung

Das Wesentliche, was in diesem Beweise der Substanz[1], die nur im Raume und nach Bedingungen desselben, folglich als Gegenstand äußerer Sinne möglich ist, charakterisieret, ist, daß ihre Größe nicht vermehrt oder vermindert werden kann, ohne daß Substanz entstehe, oder vergehe, darum, weil alle Größe eines bloß im Raum möglichen Objekts aus Teilen außerhalb einander bestehen muß, diese also, wenn sie real (etwas Bewegliches) sind, notwendig Substanzen sein müssen. Dagegen kann das, was als Gegenstand des inneren Sinnes betrachtet wird, als Substanz eine Größe haben, die nicht aus Teilen außerhalb einander besteht, deren Teile also auch nicht Substanzen sind, deren Entstehen oder Vergehen folglich auch nicht ein Entstehen oder Vergehen einer Substanz sein darf, deren Vermehrung oder Verminderung daher, dem Grundsatze von der Beharrlichkeit der Substanz unbeschadet, möglich ist. So hat nämlich das Bewußtsein, mithin die Klarheit der Vorstellungen meiner Seele, und, derselben zu Folge, auch

[1] Akad.-Ausg.: »die Substanz«.

|A 117

das Vermögen des Bewußtseins, die Apperzeption, mit diesem aber selbst die Substanz der Seele einen Grad, der größer oder kleiner werden kann, ohne daß irgend eine Substanz zu diesem Behuf entstehen oder vergehen dürfte. Weil aber, bei allmählicher Verminderung dieses Vermögens der Apper|zeption, endlich ein gänzliches Verschwinden derselben erfolgen müßte, so würde doch selbst die Substanz der Seele einem allmählichen Vergehen unterworfen sein, ob sie schon einfacher Natur wäre, weil dieses Verschwinden ihrer Grundkraft nicht durch Zerteilung (Absonderung der Substanz von einem Zusammengesetzten) sondern gleichsam durch Erlöschen, und auch dieses nicht in einem Augenblicke, sondern durch allmähliche Nachlassung des Grades derselben, es sei aus welcher Ursache es wolle, erfolgen könnte. Das Ich, das allgemeine Korrelat der Apperzeption und selbst bloß ein Gedanke, bezeichnet, als ein bloßes Vorwort, ein Ding von unbestimmter Bedeutung, nämlich das Subjekt aller Prädikate, ohne irgend eine Bedingung, die diese Vorstellung des Subjekts von dem eines Etwas überhaupt unterschiede, also Substanz, von der man, was sie sei, durch diesen Ausdruck keinen Begriff hat. Dagegen der Begriff einer Materie als Substanz der Begriff des Beweglichen im Raume ist. Es ist daher kein Wunder, wenn von der letzteren die Beharrlichkeit der Substanz bewiesen werden kann, von der ersteren aber nicht, weil bei der Materie schon aus ihrem Begriffe, nämlich daß sie das Bewegliche sei, das nur im Raume möglich ist, fließt, daß das, was in ihr Größe hat, eine Vielheit des Realen außer einander, mithin der Substanzen, enthalte, und folglich die Quantität derselben nur durch Zerteilung, welche kein Verschwinden ist, vermindert werden könne, und das letztere in ihr nach dem Gesetze der Stetigkeit auch unmög|lich sein würde. Der Gedanke Ich ist dagegen gar kein Begriff, sondern nur innere Wahrnehmung, aus ihm kann also auch gar nichts (außer der gänzliche Unterschied eines Gegenstandes des inneren Sinnes von dem, was bloß als Gegenstand äußerer Sinne gedacht wird), folglich auch nicht die Beharrlichkeit der Seele, als Substanz, gefolgert werden.

|A 118, 119

LEHRSATZ 3

Zweites Gesetz der Mechanik. Alle Veränderung der Materie hat eine äußere Ursache. (Ein jeder Körper beharrt in seinem Zustande der Ruhe oder Bewegung, in derselben Richtung und mit derselben Geschwindigkeit, wenn er nicht durch eine äußere Ursache genötigt wird, diesen Zustand zu verlassen.)

Beweis

(Aus der allgemeinen Metaphysik wird der Satz zum Grunde gelegt, daß alle Veränderung eine Ursache habe; hier soll von der Materie nur bewiesen werden, daß ihre Veränderung jederzeit eine äußere Ursache haben müsse.) Die Materie, als bloßer Gegenstand äußerer Sinne, hat keine andere Bestimmungen, als die der äußeren Verhältnisse im Raume, und erleidet also auch keine Veränderungen, als durch Bewegung. In Ansehung dieser, als Wechsels einer Bewegung mit einer andern, oder derselben mit der | Ruhe, und umgekehrt, muß eine Ursache derselben angetroffen werden (nach Prinz. der Metaph.). Diese Ursache aber kann nicht innerlich sein, denn die Materie hat keine schlechthin innere Bestimmungen und Bestimmungsgründe. Also ist alle Veränderung einer Materie auf äußere Ursache gegründet (d. i. ein Körper beharret, u.s.w.).

Anmerkung

Dieses mechanische Gesetz muß allein das Gesetz der Trägheit (lex inertiae) genannt werden, das Gesetz der einer jeden Wirkung entgegengesetzten gleichen Gegenwirkung kann diesen Namen nicht führen. Denn dieses sagt, was die Materie tut, jenes aber nur, was sie nicht tut, welches dem Ausdrucke der Trägheit besser angemessen ist. Die Trägheit der Materie ist und bedeutet nichts anders, als ihre Leblosigkeit, als Materie an sich selbst. Leben heißt das Vermögen einer Substanz, sich aus einem inneren Prinzip zum Handeln, einer endlichen Substanz,

|A 120

sich zur Veränderung, und einer *materiellen Substanz*, sich zur Bewegung oder Ruhe, als Veränderung ihres Zustandes, zu bestimmen. Nun kennen wir kein anderes inneres Prinzip einer Substanz, ihren Zustand zu verändern, als das *Begehren*, und überhaupt keine andere innere Tätigkeit, als *Denken*, mit dem, was davon abhängt, *Gefühl* der Lust oder Unlust und *Begierde* oder Willen. Diese Bestimmungsgründe aber und Handlungen gehören gar nicht zu den Vorstellungen äußerer Sinne und also auch | nicht zu den Bestimmungen der Materie als Materie. Also ist alle Materie als solche *leblos*. Das sagt der Satz der Trägheit, und nichts mehr. Wenn wir die Ursache irgend einer Veränderung der Materie im Leben suchen, so werden wir es auch so fort in einer anderen, von der Materie verschiedenen, obzwar mit ihr verbundenen Substanz zu suchen haben. Denn in der Naturkenntnis ist es nötig, zuvor die Gesetze der Materie als einer solchen zu kennen und sie von dem Beitritte aller anderen wirkenden Ursachen zu läutern, ehe man sie damit verknüpft, um wohl zu unterscheiden, was, und wie jede derselben für sich allein wirke. Auf dem Gesetze der Trägheit (neben dem der Beharrlichkeit der Substanz) beruht die Möglichkeit einer eigentlichen Naturwissenschaft ganz und gar. Das Gegenteil des erstern, und daher auch der Tod aller Naturphilosophie, wäre der *Hylozoism*. Aus eben demselben Begriffe der Trägheit, als bloßer *Leblosigkeit*, fließt von selbst, daß sie nicht ein *positives Bestreben*, seinen Zustand zu erhalten, bedeute. Nur lebende Wesen werden in diesem letzteren Verstande träg genannt, weil sie eine Vorstellung von einem anderen Zustande haben, den sie verabscheuen, und ihre Kraft dagegen anstrengen.

LEHRSATZ 4

Drittes mechanisches Gesetz. In aller Mitteilung der Bewegung sind Wirkung und Gegenwirkung einander jederzeit gleich.

| Beweis

(Aus der allgemeinen Metaphysik muß der Satz entlehnt werden, daß alle äußere Wirkung in der Welt Wechselwirkung sei. Hier soll, um in den Schranken der Mechanik zu bleiben, nur gezeigt werden, daß diese Wechselwirkung (actio mutua) zugleich Gegenwirkung (reactio) sei; allein ich kann, ohne der Vollständigkeit der Einsicht Abbruch zu tun, jenes metaphysische Gesetz der Gemeinschaft hier doch nicht ganz weglassen.) Alle tätige Verhältnisse der Materien im Raume und alle Veränderungen dieser Verhältnisse, so fern sie Ursachen von gewissen Wirkungen sein können, müssen jederzeit als wechselseitig vorgestellt werden, d. i. weil alle Veränderung derselben Bewegung ist, so kann keine Bewegung eines Körpers in Beziehung auf einen absolut-ruhigen, der dadurch auch in Bewegung gesetzt werden soll, gedacht werden, vielmehr muß dieser nur als relativ-ruhig in Ansehung des Raums, auf den man ihn bezieht, zusamt diesem Raume aber in entgegengesetzter Richtung als mit eben derselben Quantität der Bewegung im absuloten Raume bewegt vorgestellt werden, als der bewegte in eben demselben gegen ihn hat. Denn die Veränderung des Verhältnisses (mithin die Bewegung) ist zwischen beiden durchaus wechselseitig; so viel der eine Körper jedem Teile des anderen näher kommt, so viel nähert sich der andere jedem Teil des ersteren, | und, weil es hier nicht auf den empirischen Raum, der beide Körper umgibt, sondern nur auf die Linie, die zwischen ihnen liegt, ankommt (indem diese Körper lediglich in Relation auf einander, nach dem Einflusse, den die Bewegung des einen auf die Veränderung des Zustandes des anderen, mit Abstraktion von aller Relation zum empirischen Raume, haben kann, betrachtet werden), so wird ihre Bewegung als bloß im absoluten Raume bestimmbar betrachtet, in welchem jeder der beiden Körper an der Bewegung, die dem einen im relativen Raume beigelegt wird, gleichen Anteil haben muß, indem kein Grund da ist, einem von beiden mehr davon, als dem anderen, beizulegen. Auf diesem Fuß wird

|A 122, 123

die Bewegung eines Körpers A gegen einen anderen ruhigen B, in Ansehung dessen er dadurch bewegend sein kann, auf den absoluten Raum reduziert, d. i. als Verhältnis wirkender Ursachen bloß auf einander bezogen, so betrachtet, wie beide an der Bewegung, welche in der Erscheinung dem Körper A allein beigelegt wird, gleichen Anteil haben, welches nicht anders geschehen kann, als so, daß die Geschwindigkeit, die im relativen Raume bloß dem Körper A beigelegt wird, unter A und B in umgekehrtem Verhältnis der Massen, dem A allein die seinige im absoluten Raume, dem B dagegen zusamt dem relativen Raume, worin er ruht, in entgegengesetzter Richtung ausgeteilt werde, wodurch dieselbe Erscheinung der Be|wegung vollkommen beibehalten, die Wirkung aber in der Gemeinschaft beider Körper auf folgende Art konstruiert wird.

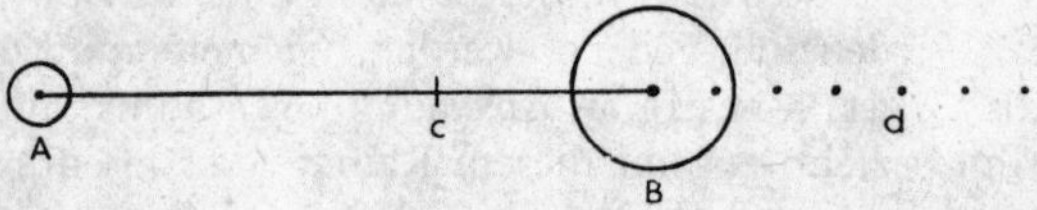

Es sei ein Körper A mit einer Geschwindigkeit = AB in Ansehung des relativen Raumes gegen den Körper B, der in Ansehung eben desselben Raums ruhig ist, im Anlaufe. Man teile die Geschwindigkeit AB in zwei Teile, Ac und Bc, die sich umgekehrt wie die Massen B und A gegen einander verhalten, und stelle sich A mit der Geschwindigkeit Ac im absoluten Raume, B aber mit der Geschwindigkeit Bc in entgegengesetzter Richtung zusamt dem relativen Raume bewegt vor: so sind beide Bewegungen einander entgegengesetzt und gleich, und, da sie einander wechselseitig aufheben, so versetzen sich beide Körper beziehungsweise auf einander, d. i. im absoluten Raume, in Ruhe. Nun war aber B mit der Geschwindigkeit Bc in der Richtung BA, die der des Körpers A, nämlich AB, gerade entgegengesetzt ist, zusamt dem relativen Raume in Bewegung. Wenn also die Bewegung des Körpers B durch den Stoß aufgehoben wird, so wird darum doch die Bewegung des relativen Raums nicht aufgehoben. Also bewegt

|A 124

sich nach dem Stoße der relative Raum in Ansehung beider Körper A und B | (die nunmehr im absoluten Raume ruhen) in der Richtung BA mit der Geschwindigkeit Bc, oder, welches einerlei ist, beide Körper bewegen sich nach dem Stoße mit gleicher Geschwindigkeit Bd = Bc in der Richtung des Stoßenden AB. Nun ist aber, nach dem Vorigen, die Quantität der Bewegung des Körpers B in der Richtung und mit der Geschwindigkeit Bc, mithin auch die in der Richtung Bd mit derselben Geschwindigkeit, der Quantität der Bewegung des Körpers A mit der Geschwindigkeit und in der Richtung Ac gleich: folglich ist die Wirkung, d. i. die Bewegung Bd, die der Körper B durch den Stoß im relativen Raume erhält, und also auch die Handlung des Körpers A mit der Geschwindigkeit Ac der Gegenwirkung Bc jederzeit gleich. Da eben dasselbe Gesetz (wie die mathematische Mechanik lehrt) keine Abänderung erleidet, wenn, anstatt des Stoßes auf einen ruhigen, ein Stoß desselben Körpers auf einen gleichfalls bewegten Körper angenommen wird, imgleichen die Mitteilung der Bewegung durch den Stoß von der durch den Zug nur in der Richtung, nach welcher die Materien einander in ihren Bewegungen widerstehen, unterschieden ist: so folgt, daß in aller Mitteilung der Bewegung Wirkung und Gegenwirkung einander jederzeit gleich sein[1] (daß jeder Stoß nur vermittelst eines gleichen Gegenstoßes, jeder Druck vermittelst eines gleichen Gegendrucks, imgleichen jeder | Zug nur durch einen gleichen Gegenzug die Bewegung eines Körpers dem andern mitteilen könne).*

* In der Phoronomie, da die Bewegung eines Körpers bloß in Ansehung des Raums, als Veränderung der Relation in demselben, betrachtet wurde, war es ganz gleichgültig, ob ich den Körper im Raume, oder, an statt dessen, dem relativen Raume eine gleiche aber entgegengesetzte Bewegung zugestehen wollte; beides gab völlig einerlei Erscheinung. Die Quantität der Bewegung des Raums war bloß die Geschwindigkeit, und daher die des Körpers gleichfalls nichts als seine Geschwindigkeit (weswegen er als ein bloßer beweglicher Punkt betrachtet werden konnte). In der Mechanik aber, da ein Körper in Bewegung gegen einen anderen betrachtet wird, gegen den er durch seine Bewegung ein Kausalverhältnis hat, nämlich das, ihn selbst zu bewegen, indem es

[1] Akad.-Ausg.: »seien«.

|Zusatz 1

Hieraus folgt das, für die allgemeine Mechanik nicht unwichtige, Naturgesetz: daß ein jeder Körper, wie groß auch seine Masse sei, durch den Stoß eines jeden anderen, wie klein auch seine Masse oder Geschwindigkeit sein mag, beweglich sein müsse. Denn der Bewegung von A in der Richtung AB korrespon|diert notwendiger Weise eine entgegengesetzte gleiche Bewegung von B in der Richtung BA. Beide Bewegungen heben durch den Stoß einander im absoluten Raume auf. Dadurch aber erhalten beide Körper eine Geschwindigkeit Bd = Bc in der Richtung des Stoßenden, folglich ist der Körper B für jede noch so kleine Kraft des Anstoßes beweglich.

entweder[1] bei seiner Annäherung durch die Kraft der Undurchdringlichkeit, oder seiner Entfernung durch die Kraft der Anziehung, mit ihm in Gemeinschaft kommt, da ist es nicht mehr gleichgültig, ob ich einem dieser Körper, oder dem Raume eine entgegengesetzte Bewegung zueignen will. Denn nunmehro kommt ein anderer Begriff der Quantität der Bewegung ins Spiel, nämlich nicht derjenigen, die bloß in Ansehung des Raumes gedacht wird und allein in der Geschwindigkeit besteht, sondern derjenigen, wobei zugleich die Quantität der Substanz (als bewegende Ursache) in Anschlag gebracht werden muß, und es ist hier nicht mehr beliebig, sondern notwendig, jeden der beiden Körper als bewegt anzunehmen, und zwar mit gleicher Quantität der Bewegung in entgegengesetzter Richtung; | wenn aber der eine relative in Ansehung des Raumes in Ruhe ist, ihm die erfoderliche Bewegung zusamt dem Raume beizulegen. Denn einer kann auf den anderen durch seine eigene Bewegung nicht wirken, als entweder bei der Annäherung vermittelst der Zurückstoßungskraft, oder bei der Entfernung vermittelst der Anziehung. Da beide Kräfte nun jederzeit beiderseitig in entgegengesetzten Richtungen und gleich wirken, so kann kein Körper vermittelst ihrer durch seine Bewegung auf einen anderen wirken, ohne gerade so viel, als der andere mit gleicher Quantität der Bewegung entgegenwirkt. Also kann kein Körper einem schlechthin-ruhigen durch seine Bewegung Bewegung erteilen, sondern dieser muß gerade mit derselben Quantität der Bewegung (zusamt dem Raume) in entgegengesetzter Richtung bewegt sein, als diejenige ist, die er durch die Bewegung des ersteren und in der Richtung desselben erhalten soll. – Der Leser wird leicht inne werden, daß, unerachtet des etwas Ungewöhnlichen, welches diese Vorstellungsart der Mitteilung der Bewegung an sich hat, sie sich dennoch in das helleste Licht stellen lasse, wenn man die Weitläuftigkeit der Erläuterung nicht scheuet.

[1] Akad.-Ausg.: »indem er entweder«.

Zusatz 2

Dies ist also das *mechanische* Gesetz der Gleichheit der Wirkung und Gegenwirkung, welches darauf beruht: daß keine *Mitteilung* der Bewegung stattfinde, außer sofern eine *Gemeinschaft* dieser Bewegungen vorausgesetzt wird, daß also kein Körper einen anderen stoße, der in *Ansehung seiner* ruhig ist, sondern, ist dieser es in Ansehung des Raums, nur so fern er *zusamt diesem Raume* in gleichem Maße, aber in entgegengesetzter Richtung bewegt, mit der Bewegung, die alsdenn dem ersteren zu seinem relativen Anteil fällt, zusammen, allererst die Quantität der Bewegung gebe, die wir dem ersten im absoluten Raume beilegen würden. Denn keine *Bewegung*, die in Ansehung eines anderen Körpers *bewegend* sein soll, kann *absolut* sein: ist sie aber relativ in Ansehung des letzteren, so gibt's keine Relation im Raume, die nicht wechselseitig und gleich sei. – Es gibt aber noch ein anderes, nämlich ein *dynamisches* Gesetz der Gleichheit der Wirkung und Gegenwirkung der Ma|terien, nicht so fern eine der anderen ihre Bewegung *mitteilt*, sondern dieser ursprünglich *erteilt* und durch deren Widerstreben zugleich in sich hervorbringt. Diese läßt sich auf ähnliche Art leicht dartun. Denn, wenn die Materie A die Materie B zieht, so *nötigt* sie diese, sich ihr zu *nähern*, oder, welches einerlei ist, jene *widersteht* der Kraft, womit diese sich zu *entfernen* trachten möchte. Weil es aber einerlei ist, ob B sich von A, oder A von B entferne: so ist dieser Widerstand zugleich ein Widerstand, den der Körper B gegen A ausübt, so fern er sich von ihm zu entfernen trachten möchte, mithin sind Zug und Gegenzug einander gleich. Eben so, wenn A die Materie B zurückstößt, so widersteht A der *Annäherung* von B. Da es aber einerlei ist, ob sich B dem A oder A dem B nähere, so widersteht B auch eben so viel der Annäherung von A; Druck und Gegendruck sind also auch jederzeit einander gleich.

|A 129

Anmerkung 1

Dies ist also die Konstruktion der Mitteilung der Bewegung, welche zugleich das Gesetz der Gleichheit der Wirkung und Gegenwirkung, als notwendige Bedingung derselben, bei sich führet, welches Newton sich gar nicht getrauete a priori zu beweisen, sondern sich deshalb auf Erfahrung berief, welchem zu Gefallen andere eine besondere Kraft der Materie, unter dem von Keplern zuerst angeführten Namen der Trägheitskraft (vis iner|tiae), in der Naturwissenschaft einführeten, und also im Grunde es auch von Erfahrung ableiteten, endlich noch andere in dem Begriffe einer bloßen Mitteilung der Bewegung setzten, welche sie wie einen allmählichen Übergang der Bewegung des einen Körpers in den andern ansahen, wobei der bewegende gerade so viel einbüßen müsse, als er dem bewegten erteilt, bis er dem letzteren keine weiter eindrückt (wenn er nämlich mit diesem schon bis zur Gleichheit der Geschwindigkeit in derselben Richtung gekommen ist),*

* Die Gleichheit der Wirkung mit der in diesem Falle fälschlich sogenannten Gegenwirkung kommt eben so wohl heraus, wenn man, bei der Hypothese der Transfusion der Bewegungen aus einem Körper in den anderen, den bewegten Körper A dem ruhigen in einem Augenblicke seine ganze Bewegung überliefern läßt, so, daß er nach dem Stoße selber ruhe, welcher Fall unausbleiblich war, so bald man beide Körper als absolut-hart (welche Eigenschaft von der Elastizität unterschieden werden muß) dachte. Da dieses Bewegungsgesetz aber weder mit der Erfahrung, noch mit sich selbst in der Anwendung zusammenstimmen wollte, so wußte man sich nicht anders zu helfen, als dadurch, daß man die Existenz absolut-harter Körper leugnete, welches so viel hieß, als die Zufälligkeit dieses Gesetzes zugestehen, indem es auf der besonderen Qualität der Materie[1] beruhen sollte, die einander bewegen. In unserer Darstellung dieses Gesetzes ist es dagegen ganz einerlei, ob man die Körper, die einander stoßen, absolut-hart oder nicht denken will. Wie aber die | Transfusionisten der Bewegung die Bewegung elastischer Körper durch den Stoß nach ihrer Art erklären wollen, ist mir ganz unbegreiflich. Denn da ist klar, daß der ruhende Körper nicht als bloß ruhend Bewegung bekomme, die der stoßende einbüßt, sondern, daß er im Stoße wirkliche Kraft in entgegengesetzter Richtung gegen den stoßenden ausübe, um gleichsam die Feder zwischen beiden zusammen zu drücken, welches von seiner Seite eben so wohl wirkliche Bewegung (aber in entgegengesetzter Richtung) erfodert, als der bewegende Körper seiner Seits dazu nötig hat.

[1] Akad.-Ausg.: »Materien«.

|A 130 Anm.: |A 131

wodurch sie im Grunde alle Gegenwirkung aufho|ben, d.i. alle wirklich entgegenwirkende Kraft des gestoßenen gegen den stoßenden (der etwa vermögend wäre, eine Springfeder zu spannen), und außerdem, daß sie das nicht beweisen, was in dem genannten Gesetze eigentlich gemeint ist, die Mitteilung der Bewegung selbst, ihrer Möglichkeit nach, gar nicht erklärten. Denn der Name vom Übergang der Bewegung von einem Körper auf den andern erklärt nichts, und, wenn man ihn nicht etwa (dem Grundsatze accidentia non migrant e substantiis in substantias zuwider) buchstäblich nehmen will, als wenn Bewegung von einem Körper in einen anderen, wie Wasser aus einem Glase in das andere, gegossen würde, so ist es hier eben die Aufgabe, wie diese Möglichkeit begreiflich zu machen sei, deren Erklärung nun gerade auf demselben Grunde beruht, woraus das Gesetz der Gleichheit der Wirkung und Gegenwirkung abgeleitet wird. Man kann sich | gar nicht denken, wie die Bewegung eines Körpers A mit der Bewegung eines anderen B notwendig verbunden sein müsse, als so, daß man sich Kräfte an beiden denkt, die ihnen (dynamisch) vor aller Bewegung zukommen, z. B. Zurückstoßung, und nun beweisen kann, daß die Bewegung des Körpers A durch Annäherung gegen B, mit der Annäherung von B gegen A, und, wenn B als ruhig angesehen wird, mit der Bewegung desselben, zusamt seinem Raume gegen A notwendig verbunden sei, so fern ein Körper[1] mit ihren (ursprünglich) bewegenden Kräften bloß relativ auf einander in Bewegung betrachtet werden. Dieses letztere kann völlig a priori dadurch eingesehen werden, daß, es mag nun der Körper B in Ansehung des empirisch kennbaren Raumes ruhig, oder bewegt sein, er doch in Ansehung des Körpers A notwendig als bewegt, und zwar in entgegengesetzter Richtung als bewegt, angesehen werden müsse; weil sonst kein Einfluß desselben auf die repulsive Kraft beider stattfinden würde, ohne welchen ganz und gar keine mechanische Wirkung der Materien auf einander, d. i. keine Mitteilung der Bewegung durch den Stoß, möglich ist.

[1] Akad.-Ausg.: »die Körper«.

|A 131, 132

Anmerkung 2

Die Benennung der Trägheitskraft (vis inertiae) muß also, unerachtet des berühmten Namens ihres Urhebers, aus der Naturwissenschaft gänzlich weggeschafft werden, nicht allein weil sie einen Widerspruch im Ausdrucke selbst bei sich führt, oder auch deswegen, weil das Gesetz der | Trägheit (Leblosigkeit) dadurch leicht mit dem Gesetze der Gegenwirkung in jeder mitgeteilten Bewegung verwechselt werden könnte, sondern vornehmlich, weil dadurch die irrige Vorstellung derer, die der mechanischen Gesetze nicht recht kundig sind, erhalten und bestärkt wird, nach welcher die Gegenwirkung der Körper, von der unter dem Namen der Trägheitskraft die Rede ist, darin bestehe, daß die Bewegung dadurch in der Welt aufgezehrt, vermindert oder vertilgt, nicht aber die bloße Mitteilung derselben dadurch bewirkt werde, indem nämlich der bewegende Körper einen Teil seiner Bewegung bloß dazu aufwenden müßte, um die Trägheit des ruhenden zu überwinden (welches denn reiner Verlust wäre), mit dem übrigen Teile allein könne er den letzteren in Bewegung setzen; bliebe ihm aber nichts übrig, so würde er durch seinen Stoß den letzteren, seiner großen Masse wegen, gar nicht in Bewegung bringen. Einer Bewegung kann nichts widerstehen, als entgegengesetzte Bewegung eines anderen, keinesweges aber dessen Ruhe. Hier ist also nicht Trägheit der Materie, d. i. bloßes Unvermögen, sich von selbst zu bewegen, die Ursache eines Widerstandes. Eine besondere ganz eigentümliche Kraft, bloß um zu widerstehen, ohne einen Körper bewegen zu können, wäre unter dem Namen einer Trägheitskraft ein Wort ohne alle Bedeutung. Man könnte also die drei Gesetze der allgemeinen Mechanik schicklicher so benennen: das Gesetz der Selbständigkeit, der Trägheit und der Gegenwirkung der Mate|rien (lex subsistentiae, inertiae, et antagonismi) bei allen ihren Veränderungen derselben. Daß diese, mithin die gesamten Lehrsätze gegenwärtiger Wissenschaft, den Kategorien der Substanz, der Kausalität und der Gemeinschaft, so fern diese Begriffe auf Materie angewandt werden, genau antworten, bedarf keiner weiteren Erörterung.

ALLGEMEINE ANMERKUNG ZUR MECHANIK

Die Mitteilung der Bewegung geschieht nur vermittelst solcher bewegenden Kräfte, die einer Materie auch in Ruhe beiwohnen (Undurchdringlichkeit und Anziehung). Die Wirkung einer bewegenden Kraft auf einen Körper in einem Augenblicke ist die Sollizitation desselben, die gewirkte Geschwindigkeit des letzteren durch die Sollizitation, so fern sie in gleichem Verhältnis mit der Zeit wachsen kann, ist das Moment der Akzeleration. (Das Moment der Akzeleration muß also nur eine unendlich kleine Geschwindigkeit enthalten, weil sonst der Körper durch dasselbe in einer gegebenen Zeit eine unendliche Geschwindigkeit erlangen würde, welche unmöglich ist. Übrigens beruht die Möglichkeit der Beschleunigung überhaupt, durch ein fortwährendes Moment derselben, auf dem Gesetze der Trägheit.) Die Sollizitation der Materie durch expansive | Kraft (z. B. einer zusammengedrückten Luft, die ein Gewichte trägt) geschieht jederzeit mit einer endlichen Geschwindigkeit, die Geschwindigkeit aber, die dadurch einem anderen Körper eingedrückt (oder entzogen) wird, kann nur unendlich klein sein; denn jene ist nur eine Flächenkraft, oder, welches einerlei ist, die Bewegung eines unendlich kleinen Quantum von Materie, die folglich mit endlicher Geschwindigkeit geschehen muß, um der Bewegung eines Körpers von endlicher Masse mit unendlich kleiner Geschwindigkeit (einem Gewichte) gleich zu sein. Dagegen ist die Anziehung eine durchdringende Kraft und als mit einer solchen übt ein endliches Quantum der Materie auf ein gleichfalls endliches Quantum einer andern bewegende Kraft aus. Die Sollizitation der Anziehung muß also unendlich klein sein, weil sie dem Moment der Akzeleration (welches jederzeit unendlich klein sein muß) gleich ist, welches bei der Zurückstoßung, da ein unendlich kleiner Teil der Materie einem endlichen ein Moment eindrücken soll, der Fall nicht ist. Es

|A 135

läßt sich keine Anziehung mit einer endlichen Geschwindigkeit denken, ohne daß die Materie durch ihre eigene Anziehungskraft sich selbst durchdringen müßte. Denn die Anziehung, welche eine endliche Quantität Materie auf eine endliche mit einer endlichen Geschwindigkeit ausübt, muß eine jede endliche[1] Geschwindigkeit, womit die Materie durch ihre Undurchdringlichkeit, aber nur mit einem unendlich kleinen Teil der Quantität ihrer Materie entgegenwirkt, in allen Punkten der Zusammendrückung | überlegen sein. Wenn die Anziehung nur eine Flächenkraft ist, wie man sich den Zusammenhang denkt, so würde das Gegenteil von diesem erfolgen. Allein es ist unmöglich, ihn so zu denken, wenn er wahre Anziehung (und nicht bloß äußere Zusammendrückung) sein soll.

Ein absolut-harter Körper würde derjenige sein, dessen Teile einander so stark zögen, daß sie durch kein Gewicht getrennt, noch in ihrer Lage gegen einander verändert werden könnten. Weil nun die Teile der Materie eines solchen Körpers sich mit einem Moment der Akzeleration ziehen müßten, welches gegen das der Schwere unendlich, der Masse aber, welche dadurch getrieben wird, endlich sein würde, so müßte der Widerstand durch Undurchdringlichkeit, als expansive Kraft, da er jederzeit mit einer unendlichkleinen Quantität der Materie geschieht, mit mehr als endlicher Geschwindigkeit der Sollizitation geschehen, d. i. die Materie würde sich mit unendlicher Geschwindigkeit auszudehnen trachten, welches unmöglich ist. Also ist ein absolutharter Körper, d. i. ein solcher, der einem mit endlicher Geschwindigkeit bewegten Körper im Stoße einen Widerstand, der der ganzen Kraft desselben gleich wäre, in einem Augenblick entgegensetzte, unmöglich. Folglich leistet eine Materie durch ihre Undurchdringlichkeit oder Zusammenhang, gegen die Kraft eines Körpers in endlicher Bewegung, in einem Augenblicke nur unendlich kleinen Widerstand. Hieraus folgt nun das mechanische Gesetz der Stetigkeit (lex continui mechanica), nämlich: | an keinem Körper wird der Zustand der Ruhe, oder der Bewegung, und an die-

[1] Akad.-Ausg.: »einer jeden endlichen«.

ser, der Geschwindigkeit oder der Richtung, durch den Stoß in einem Augenblicke verändert, sondern nur in einer gewissen Zeit, durch eine unendliche Reihe von Zwischenzuständen, deren Unterschied von einander kleiner ist, als der des ersten und letzten. Ein bewegter Körper, der auf eine Materie stößt, wird also durch deren Widerstand nicht auf einmal, sondern nur durch kontinuierliche Retardation zur Ruhe, oder der, so in Ruhe war, nur durch kontinuierliche Akzeleration in Bewegung, oder aus einem Grade Geschwindigkeit in einen andern nur nach derselben Regel versetzt; imgleichen wird die Richtung seiner Bewegung in eine solche, die mit jener einen Winkel macht, nicht anders als vermittelst aller möglichen dazwischen liegenden Richtungen, d. i. vermittelst der Bewegung in einer krummen Linie, verändert (welches Gesetz aus einem ähnlichen Grunde auch auf die Veränderung des Zustandes eines Körpers durch Anziehung erweitert werden kann). Diese lex continui gründet sich auf dem Gesetze der Trägheit der Materie, da hingegen das metaphysische Gesetz der Stetigkeit auf alle Veränderung (innere so wohl als äußere) überhaupt ausgedehnt sein müßte, und also auf dem bloßen Begriffe einer Veränderung überhaupt, als Größe, und der Erzeugung derselben (die notwendig in einer gewissen Zeit kontinuierlich, so wie die Zeit selbst, vorginge), gegründet sein würde, hier also keinen Platz findet.

| VIERTES HAUPTSTÜCK

METAPHYSISCHE ANFANGSGRÜNDE DER PHÄNOMENOLOGIE

ERKLÄRUNG

Materie ist das Bewegliche, so fern es, als ein solches, ein Gegenstand der Erfahrung sein kann.

Anmerkung

Bewegung ist, so wie alles, was durch Sinne vorgestellt wird, nur als Erscheinung gegeben. Damit ihre Vorstellung Erfahrung werde, dazu wird noch erfodert, daß etwas durch den Verstand gedacht werde, nämlich zu der Art, wie die Vorstellung dem Subjekte inhäriert, noch die Bestimmung eines Objekts durch dieselbe. Also wird das Bewegliche, als ein solches, ein Gegenstand der Erfahrung, wenn ein gewisses Objekt (hier also ein materielles Ding) in Ansehung des Prädikats der Bewegung als bestimmt gedacht wird. Nun ist aber Bewegung Veränderung der Relation im Raume. Es sind also hier immer zwei Correlata, deren einem in der Erscheinung erstlich eben so gut wie dem anderen die Veränderung beigelegt, und dasselbe entweder, oder das andere bewegt genannt werden kann, weil beides gleichgültig ist, oder | zweitens, deren eines in der Erfahrung mit Ausschließung des anderen als bewegt gedacht werden muß, oder drittens, deren beide notwendig durch Vernunft als zugleich bewegt vorgestellt werden müssen. In der Erscheinung, die nichts als die Relation in der Bewegung (ihrer Veränderung nach) enthält, ist nichts von diesen Bestimmungen enthalten; wenn aber das Bewegliche als ein solches, nämlich seiner Bewegung nach, bestimmt gedacht werden soll, d. i. zum Behuf einer möglichen Erfahrung, ist es nötig, die Bedingungen anzuzeigen, unter welchen der Gegenstand (die Materie) auf eine oder andere Art durch das Prädikat der Bewegung bestimmt werden müsse. Hier ist nicht die Rede von Verwandlung des

|A 138, 139

Scheins in Wahrheit, sondern der Erscheinung in Erfahrung; denn beim Scheine ist der Verstand mit seinen einen Gegenstand bestimmenden Urteilen jederzeit im Spiele, obzwar er in Gefahr ist, das Subjektive für objektiv zu nehmen; in der Erscheinung aber ist gar kein Urteil des Verstandes anzutreffen; welches nicht bloß hier, sondern in der ganzen Philosophie anzumerken nötig ist, weil man sonst, wenn von Erscheinungen die Rede ist, und man nimmt diesen Ausdruck für einerlei der Bedeutung nach mit dem des Scheins, jederzeit übel verstanden wird.

LEHRSATZ 1

Die geradlinichte Bewegung einer Materie in Ansehung eines empirischen Raumes ist, zum | Unterschiede von der entgegengesetzten Bewegung des Raums, ein bloß möglich es Prädikat. Eben dasselbe in gar keiner Relation auf eine Materie außer ihr, d. i. als absolute Bewegung gedacht, ist unmöglich.

Beweis

Ob ein Körper im relativen Raume bewegt, dieser aber ruhig genannt werde, oder, umgekehrt, dieser in entgegengesetzter Richtung gleich geschwinde bewegt, dagegen jener ruhig genannt werden solle, ist kein Streit über das, was dem Gegenstande, sondern nur seinem Verhältnisse zum Subjekt, mithin der Erscheinung und nicht der Erfahrung, zukommt. Denn, stellt sich der Zuschauer in demselben Raume als ruhig, so heißt ihm der Körper bewegt; stellt er sich (wenigstens in Gedanken) in einem andern und jenen umfassenden Raum, in Ansehung dessen der Körper gleichfalls ruhig ist, so heißt jener relative Raum bewegt. Also ist in der Erfahrung (einer Erkenntnis, die das Objekt für alle Erscheinungen gültig bestimmt) gar kein Unterschied zwischen der Bewegung des Körpers im relativen Raume, oder der Ruhe des Körpers im absoluten und der entgegengesetzten gleichen Bewegung des relativen Raums. Nun ist die

|A 140

Vorstellung eines Gegenstandes durch eines von zweien Prädikaten, die in Ansehung des Objekts gleichgeltend sind | und sich nur in Ansehung des Subjekts und seiner Vorstellungsart von einander unterscheiden, nicht die Bestimmung nach einem disjunktiven, sondern bloß die Wahl nach einem alternativen Urteile (deren das erstere von zweien objektiv entgegengesetzten Prädikaten eines mit Ausschließung des Gegenteils, das andere aber von objektiv zwar gleichgeltenden, subjektiv aber einander entgegengesetzten Urteilen, ohne Ausschließung des Gegenteils vom Objekt – also durch bloße Wahl – eines zur Bestimmung desselben annimmt);* das heißt: durch den Begriff der Bewegung, als Gegenstandes der Erfahrung, ist es an sich unbestimmt, mithin gleichgeltend, ob ein Körper im relativen Raume, oder dieser in Ansehung jenes als bewegt vorgestellt werde. Nun ist dasjenige, was in Ansehung zweier einander entgegengesetzter Prädikate an sich unbestimmt ist, so fern bloß möglich. Also ist die geradlinichte Bewegung einer Materie im empirischen Raume, zum Unterschiede von der entgegengesetzten gleichen Bewegung des Raumes, in der Erfahrung ein bloß mögliches Prädikat; welches das erste war.

Da ferner eine Relation, mithin auch eine Veränderung derselben, d. i. Bewegung, nur so fern ein | Gegenstand der Erfahrung sein kann, als beide Korrelate Gegenstände der Erfahrung sind; der reine Raum aber, den man auch, im Gegensatze gegen den relativen (empirischen), den absoluten Raum nennt, kein Gegenstand der Erfahrung und überall nichts ist: so ist die geradlinichte Bewegung ohne Beziehung auf irgend etwas Empirisches, d. i. die absolute Bewegung, schlechterdings unmöglich, welches das zweite war.

Anmerkung

Dieser Lehrsatz bestimmt die Modalität der Bewegung in Ansehung der Phoronomie.

* Von diesem Unterschiede der disjunktiven und alternativen Entgegensetzung ein Mehreres in der allgemeinen Anmerkung zu diesem Hauptstücke.

LEHRSATZ 2

Die Kreisbewegung einer Materie ist, zum Unterschiede von der entgegengesetzten Bewegung des Raums, ein wirkliches Prädikat derselben; dagegen ist die entgegengesetzte Bewegung eines relativen Raums, statt der Bewegung des Körpers genommen, keine wirkliche Bewegung des letzteren, sondern, wenn sie dafür gehalten wird, ein bloßer Schein.

Beweis

Die Kreisbewegung ist (so wie jede krummlinichte) eine kontinuierliche Veränderung der geradlinichten, und, da diese selbst eine kontinuierliche Veränderung der Relation in Ansehung des äußeren Raumes ist, | so ist die Kreisbewegung eine Veränderung der Veränderung dieser äußeren Verhältnisse im Raume, folglich ein kontinuierliches Entstehen neuer Bewegungen. Weil nun nach dem Gesetze der Trägheit eine Bewegung, so fern sie entsteht, eine äußere Ursache haben muß, gleichwohl aber der Körper in jedem Punkte dieses Kreises (nach eben demselben Gesetze) für sich in der den Kreis berührenden geraden Linie fortzugehen bestrebt ist, welche Bewegung jener äußeren Ursache entgegenwirkt, so beweiset jeder Körper in der Kreisbewegung durch seine Bewegung eine bewegende Kraft. Nun ist die Bewegung des Raumes, zum Unterschiede der Bewegung des Körpers bloß phoronomisch, und hat keine bewegende Kraft. Folglich ist das Urteil, daß hier entweder der Körper, oder der Raum, in entgegengesetzter Richtung bewegt sei, ein disjunktives Urteil, durch welches, wenn das eine Glied, nämlich die Bewegung des Körpers, gesetzt ist, das andere, nämlich die des Raumes, ausgeschlossen wird; also ist die Kreisbewegung eines Körpers, zum Unterschiede von der Bewegung des Raums, wirkliche Bewegung, folglich die letztere, wenn sie gleich der Erscheinung nach mit der ersteren übereinkommt, dennoch im Zusammenhange aller Erscheinungen, d. i. der möglichen Erfahrung, dieser widerstreitend, also nichts als bloßer Schein.

| Anmerkung

Dieser Lehrsatz bestimmt die Modalität der Bewegung in Ansehung der Dynamik; denn eine Bewegung, die nicht ohne den Einfluß einer kontinuierlich wirkenden äußern bewegenden Kraft stattfinden kann, beweiset, mittelbar oder unmittelbar, ursprüngliche Bewegkräfte der Materie, es sei der Anziehung oder Zurückstoßung. – Übrigens kann Newtons Scholium zu den Definitionen, die er seinen Princ. Phil. Nat. Math. vorangesetzt hat, gegen das Ende, hierüber nachgesehen werden, aus welchem erhellet, daß die Kreisbewegung zweier Körper um einen gemeinschaftlichen Mittelpunkt (mithin auch die Achsendrehung der Erde), selbst im leeren Raume, also ohne alle durch Erfahrung mögliche Vergleichung mit dem äußeren Raume, dennoch vermittelst der Erfahrung könne erkannt werden, daß also eine Bewegung, die eine Veränderung der äußeren Verhältnisse im Raume ist, empirisch gegeben werden könne, obgleich dieser Raum selbst nicht empirisch gegeben und kein Gegenstand der Erfahrung ist, welches Paradoxon aufgelöset zu werden verdient.

LEHRSATZ 3

In jeder Bewegung eines Körpers, wodurch er in Ansehung eines anderen bewegend ist, ist eine entgegengesetzte gleiche Bewegung des letzteren notwendig.

| Beweis

Nach dem dritten Gesetze der Mechanik (Lehrs. 4) ist die Mitteilung der Bewegung der Körper nur durch die Gemeinschaft ihrer ursprünglich bewegenden Kräfte und diese nur durch beiderseitige entgegengesetzte und gleiche Bewegung möglich. Die Bewegung beider ist also wirklich. Da aber die Wirklichkeit dieser Bewegung nicht (wie im zweiten Lehrsatze) auf dem Einflusse äußerer Kräfte beruht, sondern aus dem Begriffe der Relation des Bewegten im Raume zu jedem anderen dadurch Beweglichen unmittelbar und

|A 144, 145

unvermeidlich folgt, so ist die Bewegung des letzteren notwendig.

Anmerkung

Dieser Lehrsatz bestimmt die Modalität der Bewegung in Ansehung der Mechanik. – Daß übrigens diese drei Lehrsätze die Bewegung der Materie in Ansehung ihrer Möglichkeit, Wirklichkeit und Notwendigkeit, mithin in Ansehung aller dreien Kategorien der Modalität bestimmen, fällt von selbst in die Augen.

ALLGEMEINE ANMERKUNG ZUR PHÄNOMENOLOGIE

Es zeigen sich also hier drei Begriffe, deren Gebrauch in der allgemeinen Naturwissenschaft unvermeidlich, deren | genaue Bestimmung um deswillen notwendig, obgleich eben nicht so leicht und faßlich ist, nämlich der Begriff der Bewegung im relativen (beweglichen) Raume, zweitens der Begriff der Bewegung im absoluten (unbeweglichen) Raume, drittens der Begriff der relativen Bewegung überhaupt, zum Unterschiede von der absoluten. Allen wird der Begriff des absoluten Raumes zum Grunde gelegt. Wie kommen wir aber zu diesem sonderbaren Begriffe, und worauf beruht die Notwendigkeit seines Gebrauchs?

Er kann kein Gegenstand der Erfahrung sein; denn der Raum ohne Materie ist kein Objekt der Wahrnehmung, und dennoch ist er ein notwendiger Vernunftbegriff, mithin nichts weiter, als eine bloße Idee. Denn, damit Bewegung auch nur als Erscheinung gegeben werden könne, dazu wird eine empirische Vorstellung des Raums, in Ansehung dessen das Bewegliche sein Verhältnis verändern soll, erfodert, der Raum aber, der wahrgenommen werden soll, muß material, mithin, dem Begriffe einer Materie überhaupt zu Folge, selbst beweglich sein. Um ihn nun bewegt zu denken, darf man ihn nur als in einem Raume von größerem Umfange enthalten denken und diesen als ruhig annehmen. Mit diesem aber läßt sie eben dasselbe[1] in Ansehung eines noch

[1] Akad.-Ausg.: »läßt sich eben dasselbe«.

mehr erweiterten Raumes veranstalten und so ins Unendliche, ohne jemals zu einem unbeweglichen (unmateriellen) Raume durch Erfahrung zu | gelangen, in Ansehung dessen irgend einer Materie schlechthin Bewegung oder Ruhe beigelegt werden könne, sondern der Begriff dieser Verhältnisbestimmungen wird beständig abgeändert werden müssen, nachdem man das Bewegliche mit einem oder dem anderen dieser Räume in Verhältnis betrachten wird. Da nun die Bedingung, etwas als ruhig oder bewegt anzusehen, im relativen Raume ins Unendliche immer wiederum bedingt ist, so erhellet daraus erstlich: daß alle Bewegung oder Ruhe bloß relativ und keine absolut sein könne, d. i. daß Materie bloß in Verhältnis auf Materie, niemals aber in Ansehung des bloßen Raumes, ohne Materie, als bewegt oder ruhig gedacht werden könne, mithin absolute Bewegung, d. i. eine solche, die ohne alle Beziehung einer Materie auf eine andere gedacht wird, schlechthin unmöglich sei; zweitens, daß auch eben darum kein für alle Erscheinung gültiger Begriff von Bewegung oder Ruhe im relativen Raume möglich sei, sondern man sich einen Raum, in welchem dieser selbst als bewegt gedacht werden könne, der aber seiner Bestimmung nach weiter von keinem anderen empirischen Raume abhängt und daher nicht wiederum bedingt ist, d. i. einen absoluten Raum, auf den alle relative Bewegungen bezogen werden können, denken müsse, in welchem alles Empirische beweglich ist, eben darum, damit in demselben alle Bewegung des Materiellen, als bloß relativ gegen einander, als alternativ-wechselsei|tig*, keine aber als

* In der Logik bezeichnet das Entweder-Oder jederzeit ein disjunktives Urteil; da denn, wenn das eine wahr ist, das andere falsch sein muß. Z. B. ein Körper ist entweder bewegt, oder nicht bewegt, d.i. in Ruhe. Denn man redet da lediglich von dem Verhältnis des Erkenntnisses zum Objekte. In der Erscheinungslehre, wo es auf das Verhältnis zum Subjekt ankommt, um darnach das Verhältnis der Objekte zu bestimmen, ist es anders. Denn da ist der Satz: der Körper ist entweder bewegt und der Raum ruhig, oder umgekehrt, nicht ein disjunktiver Satz in objektiver, sondern nur in subjektiver Beziehung, und beide darin enthaltene Urteile gelten alternativ. In eben derselben Phänomenologie, wo die Bewegung nicht bloß phoronomisch, sondern vielmehr dynamisch betrachtet wird, ist dagegen der disjunktive Satz

absolute Bewegung oder Ruhe (da, indem das eine bewegt heißt, das andere, worauf in Be|ziehung jenes bewegt ist, gleichwohl als schlechthin ruhig vorgestellt wird) gelten möge. Der absolute Raum ist also nicht, als ein Begriff von einem wirklichen Objekt, sondern als eine Idee, welche zur Regel dienen soll, alle Bewegung in ihm bloß als relativ zu betrachten, notwendig, und alle Bewegung und Ruhe muß auf den absoluten Raum reduziert werden, wenn die Erscheinung derselben in einen bestimmten Erfahrungsbegriff (der alle Erscheinungen vereinigt) verwandelt werden soll.

So wird die geradlinichte Bewegung eines Körpers im relativen Raume auf den absoluten Raum reduziert, wenn ich den Körper als an sich ruhig, jenen Raum aber im absoluten (der nicht in die Sinne fällt) in entgegengesetzter Richtung bewegt, und diese Vorstellung als diejenige denke, welche gerade dieselbe Erscheinung gibt, wodurch denn alle mögliche Erscheinungen geradlinichter Bewegungen, die ein Körper allenfalls zugleich haben mag, auf den Erfahrungsbegriff, der sie insgesamt vereinigt, nämlich den der bloß relativen Bewegung und Ruhe, zurückgeführt werden.

Die Kreisbewegung, weil sie, nach dem zweiten Lehrsatze, auch ohne Beziehung auf den äußeren empirisch-gegebenen Raum als wirkliche Bewegung in der Erfahrung gegeben werden kann, scheint doch in der Tat absolute Bewegung zu sein. Denn die relative, in Ansehung des äußeren Raums (z. B. die Achsendrehung der Erde relativ auf die Sterne des Himmels), ist eine Erscheinung, an | deren Stelle die entgegengesetzte Bewegung dieses Raums (des Himmels) in derselben Zeit, als jener völlig gleichgeltend,

in objektiver Bedeutung zu nehmen; d. i. an die Stelle der Umdrehung eines Körpers kann ich nicht die Ruhe desselben und dagegen die entgegengesetzte Bewegung des Raums annehmen. Wo aber die Bewegung sogar mechanisch betrachtet wird (wie wenn ein Körper gegen einen dem Scheine nach ruhigen anläuft), ist sogar das der Form nach disjunktive Urteil in Ansehung des Objekts distributiv zu gebrauchen, so daß die Bewegung nicht entweder dem einen oder dem andern, sondern einem jeden ein gleicher Anteil daran beigelegt werden muß. Diese Unterscheidung der alternativen, disjunktiven und distributiven Bestimmung eines Begriffs, in Ansehung entgegengesetzter Prädikate, hat ihre Wichtigkeit, kann aber hier nicht weiter erörtert werden.

|A 149, 150

gesetzt werden kann, die aber nach diesem Lehrsatze in der Erfahrung durchaus nicht an deren Stelle gesetzt werden darf, mithin auch jene Kreisdrehung nicht als äußerlich relativ vorgestellt werden soll, welches so lautet, als ob diese Art der Bewegung für absolut anzunehmen sei.

Allein es ist wohl zu merken: daß hier von der wahren (wirklichen) *Bewegung*, die doch nicht als solche *erscheint*, die also, wenn man sie bloß nach empirischen Verhältnissen zum Raume beurteilen wollte, für *Ruhe* könnte gehalten werden, d. i. von der *wahren Bewegung*, zum Unterschiede vom *Schein*, nicht aber von ihr als absoluten Bewegung im Gegensatze der relativen die Rede sei, mithin die Kreisbewegung, ob sie zwar in der Erscheinung keine Stellen-Veränderung, d. i. keine phoronomische, des Verhältnisses des bewegten *zum* (empirischen) *Raume*, zeigt, dennoch eine durch Erfahrung erweisliche kontinuierliche dynamische Veränderung des Verhältnisses der Materie *in ihrem Raume*, z. B. eine beständige Verminderung der Anziehung durch eine Bestrebung zu entfliehen, als Wirkung der Kreisbewegung, zeige und dadurch den Unterschied derselben vom Schein sicher bezeichne. Man kann sich z. B. die Erde im unendlichen leeren Raum als um die Achse gedreht vorstellen, und diese Bewegung auch durch Erfahrung dartun, obgleich weder das Verhältnis | der Teile der Erde untereinander, noch zum Raume außer ihr, phoronomisch, d. i. in der Erscheinung verändert wird. Denn in Ansehung des ersteren als empirischen Raumes verändert nichts auf und in der Erde seine Stelle, und in Beziehung des zweiten, der ganz leer ist, kann überall kein äußeres verändertes Verhältnis, mithin auch keine Erscheinung einer Bewegung stattfinden. Allein, wenn ich mir eine zum Mittelpunkt der Erde hingehende tiefe Höhle vorstelle, und lasse einen Stein darin fallen, finde aber, daß, obzwar in jeder Weite vom Mittelpunkte die Schwere immer nach diesem hingerichtet ist, der fallende Stein dennoch von seiner senkrechten Richtung im Fallen kontinuierlich und zwar von West nach Ost abweiche, so schließe ich, die Erde sei von Abend gegen Morgen um die Achse gedreht. Oder wenn ich

|A 151

auch außerhalb den Stein von der Oberfläche der Erde weiter entferne, und er bleibt nicht über demselben Punkte der Oberfläche, sondern entfernt sich von demselben von Osten nach Westen[1], so werde ich auf eben dieselbe vorhergenannte Achsendrehung der Erde schließen und beiderlei Wahrnehmungen werden zum Beweise der Wirklichkeit dieser Bewegung hinreichend sein, wozu die Veränderung des Verhältnisses zum äußeren Raume (dem bestirnten Himmel) nicht hinreicht, weil sie bloße Erscheinung ist, die von zwei in der Tat entgegengesetzten Gründen herrühren kann und nicht ein aus dem Erklärungsgrunde aller Erscheinungen dieser Veränderung abgeleitetes Erkenntnis, d.i. Erfahrung, ist. Daß aber diese Bewe|gung, ob sie gleich keine Veränderung des Verhältnisses zum empirischen Raume ist, dennoch keine absolute Bewegung, sondern kontinuierliche Veränderung der Relationen der Materien zu einander, obzwar im absoluten Raume vorgestellt, mithin wirklich nur relative und sogar darum allein wahre Bewegung sei, das beruht auf der Vorstellung der wechselseitigen kontinuierlichen Entfernung eines jeden Teils der Erde (außerhalb der Achse) von jedem andern ihm in gleicher Entfernung vom Mittelpunkte im Diameter gegenüber liegenden. Denn diese Bewegung ist im absoluten Raume wirklich, indem dadurch der Abgang der gedachten Entfernung, den die Schwere für sich allein dem Körper zuziehen würde, und zwar ohne alle dynamische zurücktreibende Ursache (wie man aus dem von Newton Princ. Ph. N. pag. 10. Edit. 1714*

* Er sagt daselbst: Motus quidem veros corporum singulorum cognoscere et ab apparentibus actu discriminare difficillimum est: propterea, quod partes spatii illius immobilis, in quo corpora vere moventur, non incurrunt in sensus. Causa tamen non est prorsus desparata.[2] Hierauf läßt er zwei durch einen Faden verknüpfte Kugeln sich um ihren gemeinschaftlichen Schwerpunkt im leeren Raume drehen, und zeigt, wie die Wirklichkeit ihrer Bewegung samt der Richtung derselben dennoch durch Erfahrung könne gefunden werden. Ich habe dieses auch an der um ihre Achse bewegten Erde unter etwas veränderten Umständen zu zeigen gesucht.

[1] Akad.-Ausg.: »von Westen nach Osten«. – [2] Übersetzung des Herausgebers: »Die wahren Bewegungen der einzelnen Körper zu erkennen und von den scheinbaren wirklich zu unterscheiden, ist sehr schwierig: weil die Teile jenes unbeweglichen Raumes, in dem sich die Körper wahrhaft bewegen, nicht in die Sinne fallen. Dennoch ist die Sache nicht völlig hoffnungslos.«

gewählten Beispiele ersehen kann), mithin durch wirkliche, aber auf den |innerhalb der bewegten Materie (nämlich des Zentrum[1] derselben) beschlossenen, nicht aber auf den äußeren Raum bezogene Bewegung, kontinuierlich ersetzt wird.

Was den Fall *des dritten Lehrsatzes* anlangt, so bedarf es, um die Wahrheit der wechselseitig-entgegengesetzten und gleichen Bewegung beider Körper auch ohne Rücksicht auf den empirischen Raum zu zeigen, nicht einmal des im zweiten Fall nötigen durch Erfahrung gegebenen tätigen dynamischen Einflusses (der Schwere, oder eines gespannten Fadens), sondern die bloße dynamische Möglichkeit eines solchen Einflusses, als Eigenschaft der Materie (die Zurückstoßung oder Anziehung), führt, bei der Bewegung der einen, die gleiche und entgegengesetzte Bewegung der andern zugleich mit sich, und zwar aus bloßen Begriffen einer relativen Bewegung, wenn sie im absoluten Raume, d. i. nach der Wahrheit betrachtet wird, und ist daher, wie alles, was aus bloßen Begriffen hinreichend erweislich ist, ein Gesetz einer schlechterdings notwendigen Gegenbewegung.

Es ist also auch keine absolute Bewegung, wenn gleich ein Körper im leeren Raume in Ansehung eines anderen als bewegt gedacht wird; die Bewegung beider wird hier nicht relativ auf den sie umgebenden Raum, sondern nur auf den zwischen ihnen, welcher ihr äußeres Verhältnis unter einander allein bestimmt, als den absoluten Raum betrachtet, und ist also wiederum nur relativ. Absolute Bewegung würde also nur diejenige sein, die einem Kör|per ohne ein Verhältnis auf irgend eine andere Materie zukäme. Eine solche wäre allein die geradlinichte Bewegung des *Weltganzen*, d. i. des Systems aller Materie. Denn, wenn außer einer Materie noch irgend eine andere, selbst durch den leeren Raum getrennte Materie wäre, so würde die Bewegung schon relativ sein. Um deswillen ist ein jeder Beweis eines Bewegungsgesetzes, der darauf hinausläuft, daß das Gegenteil desselben eine geradlinichte Bewegung des ganzen Weltgebäudes zur Folge haben müßte, ein apodiktischer Beweis der Wahrheit desselben; bloß weil daraus absolute Bewegung folgen

[1] Akad.-Ausg.: »nämlich das Zentrum«.

würde, die schlechterdings unmöglich ist. Von der Art ist das Gesetz des Antagonisms in aller Gemeinschaft der Materie durch Bewegung. Denn eine jede Abweichung von demselben würde den gemeinschaftlichen Mittelpunkt der Schwere aller Materie, mithin das ganze Weltgebäude aus der Stelle rücken, welches dagegen, wenn man dieses sich als um seine Achse gedreht vorstellen wollte, nicht geschehen würde, welche Bewegung also immer noch zu denken möglich, obzwar anzunehmen, so viel man absehen kann, ganz ohne begreiflichen Nutzen sein würde.

Auf die verschiedenen Begriffe der Bewegung und bewegenden Kräfte haben auch die verschiedenen Begriffe vom leeren Raume ihre Beziehung. Der leere Raum in phoronomischer Rücksicht, der auch der absolute Raum heißt, sollte billig nicht ein leerer Raum genannt werden; denn er ist nur die Idee von einem Raume, in welchem | ich von aller besonderen Materie, die ihn zum Gegenstande der Erfahrung macht, abstrahiere, um in ihm den materiellen, oder jeden empirischen Raum noch als beweglich und dadurch die Bewegung nicht bloß einseitig, als absolutes, sondern jederzeit wechselseitig, als bloß relatives Prädikat zu denken. Er ist also gar nichts, was zur Existenz der Dinge, sondern bloß zur Bestimmung der Begriffe gehört und so fern existiert kein leerer Raum. Der leere Raum in dynamischer Rücksicht ist der, der nicht erfüllet ist, d. i. worin dem Eindringen des Beweglichen nichts anderes Bewegliches widersteht, folglich keine repulsive Kraft wirkt, und er kann entweder der leere Raum in der Welt (vacuum mundanum), oder, wenn diese als begrenzt vorgestellt wird, der leere Raum außer der Welt (vacuum extramundanum) sein; der erstere auch entweder als zerstreuter (vacuum disseminatum, der nur einen Teil des Volumens der Materie ausmacht), oder als gehäufter leerer Raum (vacuum coacervatum, der die Körper, z. B. Weltkörper, von einander absondert) vorgestellt werden, welche Unterscheidung, da sie nur auf den Unterschied der Plätze, die man dem leeren Raum in der Welt anweiset, beruht, eben nicht wesentlich ist, aber doch in verschiedener Absicht gebraucht wird, der

|A 155

erste, um den spezifischen Unterschied der Dichtigkeit, der zweite, um die Möglichkeit einer von allem äußeren Widerstande freien Bewegung im Weltraume davon abzuleiten. Daß den leeren Raum in der ersteren Absicht anzunehmen nicht | nötig sei, ist schon in der allgemeinen Anmerkung zur Dynamik gezeigt worden; daß er aber unmöglich sei, kann aus seinem Begriffe allein, nach dem Satze des Widerspruchs, keinesweges bewiesen werden. Gleichwohl, wenn hier auch kein bloß logischer Grund der Verwerfung desselben anzutreffen wäre, könnte doch ein allgemeiner physischer Grund, ihn aus der Naturlehre zu verweisen, nämlich der von der Möglichkeit der Zusammensetzung einer Materie überhaupt, dasein, wenn man die letztere nur besser einsähe. Denn, wenn die Anziehung, die man zur Erklärung des Zusammenhanges der Materie annimmt, nur scheinbare, nicht wahre Anziehung, vielmehr etwa bloß die Wirkung einer Zusammendrückung durch äußere im Weltraume allenthalben verbreitete Materie (den Äther), welche selbst nur durch eine allgemeine und ursprüngliche Anziehung, nämlich die Gravitation, zu diesem Drucke gebracht wird, sein sollte, welche Meinung manche Gründe für sich hat, so würde der leere Raum innerhalb den Materien, wenn gleich nicht logisch, doch dynamisch und also physisch unmöglich sein, weil jede Materie sich in die leeren Räume, die man innerhalb derselben annähme (da ihrer expansiven Kraft hier nichts widersteht), von selbst ausbreiten und sie jederzeit erfüllet erhalten würde. Ein leerer Raum außer der Welt würde, wenn man unter dieser den Inbegriff aller vorzüglich attraktiven Materien (der großen Weltkörper) versteht, aus eben denselben Gründen unmöglich sein, weil nach dem Maße, als die Entfernung von diesen zunimmt, auch die An|ziehungskraft auf den Äther (der jene Körper alle einschließt und, von jener getrieben, sie in ihrer Dichtigkeit durch Zusammendrückung erhält) in umgekehrtem Verhältnisse abnimmt, dieser also selbst nur ins Unendliche an Dichtigkeit abnehmen, nirgend aber den Raum ganz leer lassen würde. Daß es indessen mit dieser Wegschaffung des leeres Raums ganz hypothetisch zugeht, darf niemand befremden; geht es doch mit der Behauptung desselben nicht besser zu. Diejenige, welche diese Streitfrage dogmatisch zu entscheiden wagen, sie mögen es bejahend oder verneinend tun, stützen sich zuletzt auf lauter metaphysische Voraussetzungen, wie aus der Dynamik zu ersehen ist, und es war wenigstens nötig, hier zu zeigen, daß diese über gedachte Aufgabe gar nicht entscheiden können. Was drittens den leeren Raum in mechanischer Absicht betrifft, so ist dieser das gehäufte Leere innerhalb dem Weltganzen, um den Weltkörpern freie Bewegung zu verschaffen. Man siehet leicht, daß die Möglichkeit oder Unmöglichkeit desselben nicht auf metaphysischen Gründen, sondern dem schwer aufzuschließenden Naturgeheimnisse, auf welche Art die Materie ihrer eigenen ausdehnenden Kraft Schranken setze, beruhe. Gleichwohl, wenn das, was in der Allgem. Anmerk. zur Dynamik von der ins Unendliche möglichen größeren Ausdehnung spezifisch verschiedener Stoffe, bei derselben Quantität der Materie (ihrem Gewichte nach) gesagt worden, eingeräumt wird, so möchte wohl, um der freien und daurenden Bewegung der Weltkörper willen, einen leeren | Raum anzunehmen unnötig sein, weil der Widerstand, selbst bei gänzlich erfülleten Räumen, alsdenn doch so klein, als man will, gedacht werden kann.

Und so endigt sich die metaphysische Körperlehre mit dem Leeren und eben darum Unbegreiflichen, worin sie einerlei Schicksal mit allen übrigen Versuchen der Vernunft hat, wenn sie im Zurückgehen zu Prinzipien den ersten Gründen der Dinge nachstrebt, da, weil es ihre Natur so mit sich bringt, niemals etwas anders, als so fern es unter gegebenen Bedingungen bestimmt ist, zu begreifen, folglich sie weder beim Bedingten stehen bleiben, noch sich das Unbedingte faßlich machen kann, ihr, wenn Wißbegierde sie auffodert, das absolute Ganze aller Bedingungen zu fassen, nichts übrig bleibt, als von den Gegenständen auf sich selbst zurückzukehren, um, anstatt der letzten Grenze der Dinge, die letzte Grenze ihres eigenen sich selbst überlassenen Vermögens zu erforschen und zu bestimmen.

|A 158

ÜBER DEN GEBRAUCH TELEOLOGISCHER PRINZIPIEN IN DER PHILOSOPHIE

| ÜBER DEN GEBRAUCH TELEOLOGISCHER PRINZIPIEN IN DER PHILOSOPHIE

Von I. Kant

Wenn man unter Natur den Inbegriff von allem versteht, was nach Gesetzen bestimmt existiert, die Welt (als eigentlich sogenannte Natur) mit ihrer obersten Ursache zusammengenommen, so kann es die Naturforschung (die im ersten Falle Physik, im zweiten Metaphysik heißt) auf zweien Wegen versuchen, entweder auf dem bloß theoretischen oder auf dem teleologischen Wege, auf dem letztern aber, als Physik, nur solche Zwecke, die uns durch Erfahrung bekannt werden können, als Metaphysik dagegen, ihrem Berufe angemessen, nur einen Zweck, der durch reine Vernunft fest steht, zu ihrer Absicht gebrauchen. Ich habe anderwärts gezeigt, daß die Vernunft in der Metaphysik auf dem theoretischen Natur-Wege (in Ansehung der Erkenntnis Gottes) ihre ganze Absicht nicht nach Wunsch erreichen könne, und ihr also nur noch der teleologische übrig sei; so doch, daß nicht die Naturzwecke, die nur auf Beweisgründen der Erfahrung beruhen, sondern ein a priori durch reine praktische Vernunft bestimmt gegebener Zweck (in der Idee des höchsten Guts) den | Mangel der unzulänglichen Theorie ergänzen müsse. Eine ähnliche Befugnis, ja Bedürfnis, von einem teleologischen Prinzip auszugehen, wo uns die Theorie verläßt, habe ich in einem kleinen Versuche über die Menschenrassen zu beweisen gesucht. Beide Fälle aber enthalten eine Forderung, der der Verstand sich ungern unterwirft, und die Anlaß genug zum Mißverstande geben kann.

Mit Recht ruft die Vernunft in aller Naturuntersuchung zuerst nach Theorie, und nur später nach Zweckbestimmung. Den Mangel der erstern kann keine Teleologie noch praktische Zweckmäßigkeit ersetzen. Wir bleiben immer unwissend in Ansehung der wirkenden Ursachen, wenn wir gleich die Angemessenheit unserer Voraussetzung mit Endursachen, es sei der Natur oder unsers Willens, noch so einleuchtend machen können. Am meisten scheint diese Klage

|A 36, 37

da gegründet zu sein, wo (wie in jenem metaphysischen Falle) sogar praktische Gesetze vorangehen müssen, um den Zweck allererst anzugeben, dem zum Behuf ich den Begriff einer Ursache zu bestimmen gedenke, der auf solche Art die Natur des Gegenstandes gar nichts anzugehen, sondern bloß eine Beschäftigung mit unsern eignen Absichten und Bedürfnissen zu sein scheint.

Es hält allemal schwer, sich in Prinzipien zu einigen, in solchen Fällen, wo die Vernunft ein doppeltes, sich wechselseitig einschränkendes Interesse hat. Aber | es ist so gar schwer, sich über die Prinzipien dieser Art auch nur zu verstehen, weil sie die Methode zu denken vor der Bestimmung des Objekts betreffen, und einander widerstreitende Ansprüche der Vernunft den Gesichtspunkt zweideutig machen, aus dem man seinen Gegenstand zu betrachten hat. In der gegenwärtigen Zeitschrift sind zwei meiner Versuche, über zweierlei sehr verschiedene Gegenstände und von sehr ungleicher Erheblichkeit, einer scharfsinnigen Prüfung unterworfen worden.[1] In einer bin ich nicht verstanden worden, ob ich es zwar erwartete, in der andern aber über alle Erwartung wohl verstanden worden; beides von Männern von vorzüglichem Talente, jugendlicher Kraft und aufblühendem Ruhme. In jener geriet ich in Verdacht, als wollte ich eine Frage der physischen Naturforschung durch Urkunden der Religion beantworten: in der andern wurde ich von dem Verdachte befreiet, als wollte ich, durch den Beweis der Unzulänglichkeit einer metaphysischen Naturforschung, der Religion Abbruch tun. In beiden gründet sich die Schwierigkeit, verstanden zu werden, auf der noch nicht genug ins Licht gestellten Befugnis, sich, wo theoretische Erkenntnisquellen nicht zulangen, des teleologischen Prinzips bedienen zu dürfen, doch mit einer solchen Beschränkung seines Gebrauchs, daß der theoretisch-spekulativen Nachforschung das Recht

[1] Akad.-Ausg. verweist auf die beiden Abhandlungen »Bestimmung des Begriffs einer Menschenrasse«, Berlinische Monatsschrift, 1785, und »Mutmaßlicher Anfang der Menschengeschichte«, Berlinische Monatsschrift, 1786. (In der vorliegenden Ausgabe Band VI.)

|A 38

des Vortritts gesichert wird, um zuerst ihr ganzes Vermögen daran zu versuchen (wobei in der metaphysischen von der reinen Vernunft mit | Recht gefodert wird, daß sie dieses, und überhaupt ihre Anmaßung, über irgend etwas zu entscheiden, vorher rechtfertige, dabei aber ihren Vermögenszustand vollständig aufdecke, um auf Zutrauen rechnen zu dürfen), imgleichen, daß, im Fortgange, diese Freiheit ihr jederzeit unbenommen bleibe. Ein großer Teil der Mißhelligkeit beruht hier auf der Besorgnis des Abbruchs, womit die Freiheit des Vernunftgebrauchs bedrohet werde; wenn diese gehoben wird, so glaube ich die Hindernisse der Einhelligkeit leicht wegräumen zu können.

Wider eine in der Berl. M. S. November 1785 eingerückte Erläuterung meiner vorlängst geäußerten Meinung, über den Begriff und den Ursprung der Menschenrassen, trägt der Herr Geheime-Rat Georg Forster im Teutschen Merkur Oktober und November 1786 Einwürfe vor, die, wie mich dünkt, bloß aus dem Mißverstande des Prinzips, wovon ich ausgehe, herrühren. Zwar findet es der berühmte Mann gleich anfangs mißlich, vorher ein Prinzip festzusetzen, nach welchem sich der Naturforscher sogar im Suchen und Beobachten solle leiten lassen, und vornehmlich ein solches, was die Beobachtung auf eine dadurch zu befördernde Naturgeschichte, zum Unterschiede von der bloßen Naturbeschreibung, richtete, so wie diese Unterscheidung selbst, unstatthaft. Allein diese Mißhelligkeit läßt sich leicht heben.

| Was die erste Bedenklichkeit betrifft, so ist wohl ungezweifelt gewiß, daß durch bloßes empirisches Herumtappen ohne ein leitendes Prinzip, wornach man zu suchen habe, nichts Zweckmäßiges jemals würde gefunden werden; denn Erfahrung methodisch anstellen heißt allein beobachten. Ich danke für den bloß empirischen Reisenden und seine Erzählung, vornehmlich, wenn es um eine zusammenhangende Erkenntnis zu tun ist, daraus die Vernunft etwas zum Behuf einer Theorie machen soll. Gemeiniglich antwortet er, wenn man wonach frägt: ich hätte das wohl bemerken können, wenn ich gewußt hätte, daß man dar-

|A 39, 40

nach fragen würde. Folgt doch Herr F. selbst der Leitung des Linnéischen Prinzips der Beharrlichkeit des Charakters der Befruchtungsteile an Gewächsen, ohne welches die systematische Naturbeschreibung des Pflanzenreichs nicht so rühmlich würde geordnet und erweitert worden sein. Daß manche so unvorsichtig sind, ihre Ideen in die Beobachtung selbst hineinzutragen (und, wie es auch wohl dem großen Naturkenner selbst widerfuhr, die Ähnlichkeit jener Charaktere, gewissen Beispielen zufolge, für eine Anzeige der Ähnlichkeit der Kräfte der Pflanzen zu halten), ist leider sehr wahr, so wie die Lektion für rasche Vernünftler (die uns beide vermutlich nichts angeht) ganz wohl gegründet; allein dieser Mißbrauch kann die Gültigkeit der Regel doch nicht aufheben.

| Was aber den bezweifelten, ja gar schlechthin verworfenen Unterschied zwischen Naturbeschreibung und Naturgeschichte betrifft, so würde, wenn man unter der letzteren eine Erzählung von Naturbegebenheiten, wohin keine menschliche Vernunft reicht, z. B. das erste Entstehen der Pflanzen und Tiere verstehen wollte, eine solche freilich, wie Hr. F. sagt, eine Wissenschaft für Götter, die gegenwärtig, oder selbst Urheber waren, und nicht für Menschen sein. Allein nur den Zusammenhang gewisser jetziger Beschaffenheiten der Naturdinge mit ihren Ursachen in der ältern Zeit nach Wirkungsgesetzen, die wir nicht erdichten, sondern aus den Kräften der Natur, wie sie sich uns jetzt darbietet, ableiten, nur bloß so weit zurück verfolgen, als es die Analogie erlaubt, das wäre Naturgeschichte, und zwar eine solche, die nicht allein möglich, sondern auch, z. B. in den Erdtheorien (worunter des berühmten Linné seine auch ihren Platz findet), von gründlichen Naturforschern häufig genug versucht worden ist, sie mögen nun viel oder wenig damit ausgerichtet haben. Auch gehört selbst des Herrn F. Mutmaßung, von ersten[1] Ursprunge des Negers, gewiß nicht zur Naturbeschreibung, sondern nur zur Naturgeschichte. Dieser Unterschied ist in der Sachen Beschaffenheit gelegen, und ich verlange dadurch nichts Neues,

[1] Akad.-Ausg.: »vom ersten«.

|A 41

sondern bloß die sorgfältige Absonderung des einen Geschäftes vom andern, weil sie ganz heterogen sind, und, wenn die eine (die Naturbeschreibung), als Wissenschaft, in der ganzen | Pracht eines großen Systems erscheint, die andere (die Naturgeschichte) nur Bruchstücke, oder wankende Hypothesen, aufzeigen kann. Durch diese Absonderung und Darstellung der zweiten, als einer eigenen, wenn gleich vor jetzt (vielleicht auch auf immer) mehr im Schattenrisse als im Werk ausführbaren Wissenschaft (in welcher für die meisten Fragen ein Vacat angezeichnet gefunden werden möchte), hoffe ich das zu bewirken, daß man sich nicht mit vermeintlicher Einsicht auf die eine etwas zu gute tue, was eigentlich bloß der andern angehört, und den Umfang der wirklichen Erkenntnisse in der Naturgeschichte (denn einige derselben besitzt man), zugleich auch die in der Vernunft selbst liegende Schranken derselben, samt den Prinzipien, wonach sie auf die bestmögliche Art zu erweitern wäre, bestimmter kennen lerne. Man muß mir diese Peinlichkeit zu gute[1] halten, da ich so manches Unheil aus der Sorglosigkeit, die Grenzen der Wissenschaften in einander laufen zu lassen, in anderen Fällen erfahren, und, nicht eben zu jedermanns Wohlgefallen, angezeigt habe; überdem hiebei völlig überzeugt worden bin, daß durch die bloße Scheidung des Ungleichartigen, welches man vorher im Gemenge genommen hatte, den Wissenschaften oft ein ganz neues Licht aufgehe, wobei zwar manche Armseligkeit aufgedeckt wird, die sich vorher unter fremdartigen[2] Kenntnissen verstecken konnte, aber auch viele echte Quellen der Erkenntnis eröffnet werden, wo man sie gar nicht hätte vermuten | sollen. Die größte Schwierigkeit bei dieser vermeintlichen Neuerung liegt bloß im Namen. Das Wort Geschichte in der Bedeutung, da es einerlei mit dem griechischen Historia (Erzählung, Beschreibung) ausdrückt, ist schon zu sehr und zu lange im Gebrauche, als daß man sich leicht gefallen lassen sollte, ihm eine andere Bedeutung, welche die Naturforschung des Ursprungs bezeichnen kann, zuzugestehen; zu-

[1] Cassirer: »Peinlichkeit schon zugute«. – [2] Akad.-Ausg.: »hinter fremdartigen«.

|A 42, 43

mal, da es auch nicht ohne Schwierigkeit ist, ihm in der letzteren einen andern anpassenden technischen Ausdruck auszufinden.* Doch die Sprachschwierigkeit im Unterscheiden kann den Unterschied der Sachen nicht aufheben. Vermutlich ist eben dergleichen Mißhelligkeit, wegen einer, obwohl unvermeidlichen Abweichung von klassischen Ausdrücken, auch bei dem Begriffe einer Rasse die Ursache der Veruneinigung über die Sache selbst gewesen. Es ist uns hier widerfahren, was Sterne bei Gelegenheit eines physiognomischen Streits, der, nach seinem launichten Einfalle[1], alle Fakultäten der Straßburgischen Universität in Aufruhr versetzte, sagt: Die Logiker würden die Sache entschieden haben, wären sie nur nicht auf eine Definition gestoßen. Was ist eine Rasse? Das Wort steht gar nicht in einem System der Naturbeschreibung, vermutlich ist also auch das Ding selber überall nicht in | der Natur. Allein der Begriff, den dieser Ausdruck bezeichnet, ist doch in der Vernunft eines jeden Beobachters der Natur gar wohl gegründet, der zu einer sich vererbenden Eigentümlichkeit verschiedener vermischt zeugenden Tiere, die nicht in dem Begriffe ihrer Gattung liegt, eine Gemeinschaft der Ursache, und zwar einer in dem Stamme der Gattung selbst ursprünglich gelegenen Ursache, denkt. Daß dieses Wort nicht in der Naturbeschreibung (sondern an dessen Statt das der Varietät) vorkommt, kann ihn nicht abhalten, es in Absicht auf Naturgeschichte nötig zu finden. Nur muß er es freilich zu diesem Behuf deutlich bestimmen; und dieses wollen wir hier versuchen.

Der Name einer Rasse, als radikaler Eigentümlichkeit, die auf einen gemeinschaftlichen Abstamm Anzeige gibt, und zugleich mehrere solche beharrliche forterbende Charaktere, nicht allein derselben Tiergattung, sondern auch desselben Stammes, zuläßt, ist nicht unschicklich ausgedacht. Ich würde ihn durch Abartung (progenies classifica) übersetzen, um eine Rasse von der Ausartung

* Ich würde für die Naturbeschreibung das Wort Physiographie, für Naturgeschichte aber Physiogonie in Vorschlag bringen.

[1] Akad.-Ausg.: »nach seinen launichten Einfällen«.

|A 44

(degeneratio s. progenies *specifica*)* | zu unterscheiden, die man nicht einräumen kann, weil sie dem Gesetz der Natur (in der Erhaltung ihrer species in unveränderlicher Form) zuwider läuft. Das Wort progenies zeigt an, daß es nicht ursprüngliche, durch so vielerlei *Stämme*, als species derselben Gattung, ausgeteilte, sondern sich allererst in der Folge der Zeugungen entwickelnde Charaktere, mithin nicht verschiedene *Arten*, sondern *Abartungen*, aber doch so bestimmt und beharrlich sind, daß sie zu einem Klassenunterschiede berechtigen.

Nach diesen Vorbegriffen würde die *Menschengattung* (nach den allgemeinen Kennzeichen derselben in der Naturbeschreibung genommen) in einem System der Naturgeschichte in *Stamm* (oder Stämme), *Rasse* oder Abartung (progenies classifica), und verschiedenen *Menschenschlag* (varietas nativa) abgeteilt werden können, welcher letztere nicht unausbleibliche, nach einem anzugebenden Gesetze sich vererbende, also | auch nicht zu einer Klasseneinteilung hinreichende Kennzeichen enthalten würde [1]. Alles dieses ist aber nur noch bloße [2] Idee von der Art, wie die größte Mannigfaltigkeit in der Zeugung mit der größten Einheit der Abstammung von der Vernunft zu vereinigen sei. Ob es wirklich eine solche Verwandtschaft in der Menschengattung gebe, müssen die Beobachtungen, welche die Einheit der Abstammung kenntlich machen, entscheiden. Und hier

* Die Benennungen der classes und ordines drücken ganz unzweideutig eine bloß *logische* Absonderung aus, die die *Vernunft* unter ihren Begriffen, zum Behuf der bloßen *Vergleichung* macht: genera und species aber können auch die *physische* Absonderung bedeuten, die die *Natur* selbst unter ihren Geschöpfen in Ansehung ihrer *Erzeugung* macht. Der | Charakter der Rasse kann also hinreichen, um Geschöpfe darnach zu klassifizieren, aber nicht, um eine besondere *Spezies* daraus zu machen, weil diese auch eine absonderliche Abstammung bedeuten könnte, welche wir unter dem Namen einer Rasse nicht verstanden wissen wollen. Es versteht sich von selbst, daß wir hier das Wort Klasse nicht in der ausgedehnten Bedeutung nehmen, als es im *Linnéischen* System genommen wird; wir brauchen es aber auch zur Einteilung in ganz anderer Absicht.

[1] Akad.-Ausg.: »*Racen* oder Abartungen (progenies classificae) und ... (varietates nativae) ..., welche letztere ... Kennzeichen enthalten«. – [2] Akad.-Ausg.: »aber so lange bloße«.

|A 45, 46 Anm.: |A 45

sieht man deutlich: daß man durch ein bestimmtes Prinzip geleitet werden müsse, um bloß zu *beobachten*, d. i. auf dasjenige Acht zu geben, was Anzeige auf die Abstammung, nicht bloß der Charakteren-Ähnlichkeit [1] geben könne, weil wir es alsdenn mit einer Aufgabe der Naturgeschichte, nicht der Naturbeschreibung und bloß methodischen Benennung, zu tun haben. Hat jemand nicht nach jenem Prinzip seine Nachforschung angestellt, so muß er noch einmal suchen; denn von selbst wird sich ihm das nicht darbieten, was er bedarf, um, ob es eine reale oder bloße Nominalverwandtschaft unter den Geschöpfen gebe, auszumachen.

Von der Verschiedenheit des ursprünglichen Stammes kann es keine sichere Kennzeichen geben, als die Unmöglichkeit, durch Vermischung zweier erblich verschiedenen Menschenabteilungen fruchtbare Nachkommenschaft zu gewinnen. Gelingt dieses aber, so ist die noch so große Verschiedenheit der Gestalt keine Hindernis, eine gemeinschaftliche Abstammung derselben | wenigstens möglich zu finden; denn so wie sie sich, unerachtet dieser Verschiedenheit, doch durch Zeugung in ein Produkt, das beider Charaktere enthält, *vereinigen* können: so haben sie sich aus einem Stamme, der die Anlagen zur Entwicklung beider Charaktere ursprünglich in sich verbarg, durch Zeugung in so viel Rassen *teilen* können; und die Vernunft wird ohne Not nicht von zweien Prinzipien ausgehen, wenn sie mit einem auslangen kann. Das sichere Kennzeichen erblicher Eigentümlichkeiten aber, als der Merkmale eben so vieler Rassen, ist schon angeführt worden. Jetzt ist noch etwas von den erblichen *Varietäten* anzumerken, welche zur Benennung eines oder andern Menschenschlags (Familien- und Volksschlags) Anlaß geben.

Eine Varietät ist die erbliche Eigentümlichkeit, die nicht *klassifisch* ist, weil sie sich nicht unausbleiblich fortpflanzt; denn eine solche Beharrlichkeit des erblichen Charakters wird erfordert, um selbst für die Naturbeschreibung nur zur Klasseneinteilung zu berechtigen. Eine Gestalt, die in der Fortpflanzung *nur bisweilen* den Charakter der

[1] Akad.-Ausg.: »blos die Charakteren-Ähnlichkeit«.

|A 47

nächsten Eltern und zwar mehrenteils nur einseitig (Vater oder Mutter nachartend) reproduziert, ist kein Merkmal, daran man den Abstamm von beiden Eltern kennen kann, z.B. den Unterschied der Blonden und Brunetten. Eben so ist die Rasse, oder Abartung, eine *unausbleibliche* erbliche Eigentümlichkeit, die zwar zur Klasseneinteilung berechtigt, aber doch nicht spezi|fisch ist, weil die unausbleiblich halbschlächtige Nachartung (also das *Zusammenschmelzen* der Charaktere ihrer Unterscheidung) es wenigstens nicht als unmöglich urteilen läßt, ihre angeerbte Verschiedenheit auch in ihrem Stamme uranfänglich, als in bloßen Anlagen *vereinigt* und nur in der Fortpflanzung allmählich entwickelt und *geschieden*, anzusehen. Denn man kann ein Tiergeschlecht nicht zu einer besondern Spezies machen, wenn es mit einem anderen zu einem und demselben Zeugungssystem der Natur gehört. Also würde in der Naturgeschichte Gattung und Spezies einerlei, nämlich die nicht mit einem gemeinschaftlichen Abstamme vereinbare Erbeigentümlichkeit, bedeuten. Diejenige aber, die damit zusammen bestehen kann, ist entweder notwendig erblich, oder nicht. Im erstern Fall macht es den Charakter der *Rasse*, im andern der *Varietät* aus.

Von dem, was in der Menschengattung *Varietät* genannt werden kann, merke ich hier nun an, daß man auch in Ansehung dieser die Natur nicht als in voller Freiheit bildend, sondern eben sowohl, als bei den Rassen-Charakteren, sie nur als entwickelnd und auf dieselbe durch ursprüngliche Anlagen vorausbestimmt anzusehen habe; weil auch in *dieser* Zweckmäßigkeit und derselben gemäße Abgemessenheit angetroffen wird, die kein Werk des Zufalls sein kann. Was schon Lord *Shaftesbury* anmerkte, nämlich, daß in jedem Menschengesichte eine gewisse Originalität (gleich|sam ein wirkliches Dessein) angetroffen werde, welche das Individuum als zu besonderen Zwecken, die es nicht mit anderen gemein hat, bestimmt auszeichnet, obzwar diese Zeichen zu entziffern über unser Vermögen geht, das kann ein jeder Portraitmaler, der über seine Kunst denkt, bestätigen. Man sieht einem nach dem Leben gemal-

|A 48, 49

ten und wohl ausgedruckten Bilde die Wahrheit an, d. i. daß es nicht aus der Einbildung genommen ist. Worin besteht aber diese Wahrheit? Ohne Zweifel in einer bestimmten Proportion eines der vielen Teile des Gesichts zu allen anderen, um einen individuellen Charakter, der einen dunkel vorgestellten Zweck enthält, auszudrücken. Kein Teil des Gesichts, wenn er uns auch unproportioniert scheint, kann in der Schilderei, mit Beibehaltung der übrigen, abgeändert werden, ohne dem Kennerauge, ob er gleich das Original nicht gesehen hat, in Vergleichung mit dem von der Natur kopierten Portrait, so fort merklich zu machen, welches von beiden die lautere Natur und welches Erdichtung enthalte. Die Varietät unter Menschen von eben derselben Rasse ist, aller Wahrscheinlichkeit nach, eben so zweckmäßig in dem ursprünglichen Stamme belegen gewesen, um die größte Mannigfaltigkeit zum Behuf unendlich verschiedener Zwecke, als der Rassenunterschied, um die Tauglichkeit zu weniger, aber wesentlichern Zwecken, zu gründen und in der Folge zu entwickeln; wobei doch der Unterschied obwaltet, daß die letztern Anlagen, nachdem sie sich einmal ent|wickelt haben (welches schon in der ältesten Zeit geschehen sein muß), keine neue Formen dieser Art weiter entstehen, noch auch die alte erlöschen lassen; dagegen die erstere, wenigstens unserer Kenntnis nach, eine an neuen Charakteren (äußeren so wohl als innern) unerschöpfliche Natur anzuzeigen scheinen.

In Ansehung der Varietäten scheint die Natur die Zusammenschmelzung zu verhüten, weil sie ihrem Zwecke, nämlich der Mannigfaltigkeit der Charaktere, entgegen ist; dagegen sie, was die Rassenunterschiede betrifft, dieselbe (nämlich Zusammenschmelzung) wenigstens verstattet, wenn gleich nicht begünstigt, weil dadurch das Geschöpf für mehrere Klimate tauglich wird, obgleich keinem derselben in dem Grade angemessen, als die erste Anartung an dasselbe es gemacht hatte. Denn was die gemeine Meinung betrifft, nach welcher Kinder (von unserer Klasse der Weißen) die Kennzeichen, die zur Varietät gehören (als Statur, Gesichtsbildung, Hautfarbe), selbst manche Gebrechen (innere

|A 50

sowohl als äußere), von ihren Eltern auf die Halbscheid ererben sollen (wie man sagt: das hat das Kind vom Vater, das hat es von der Mutter), so kann ich, nach genauer Aufmerksamkeit auf den Familienschlag, ihr nicht beitreten. Sie arten, wenn gleich nicht Vater oder Mutter nach, doch entweder in des einen oder der andern Familie unvermischt ein; und, ob zwar der Abscheu wider die Vermischung[1] der zu nahe Verwandten wohl großenteils moralische Ursachen haben, ingleichen die | Unfruchtbarkeit derselben nicht genug bewiesen sein mag: so gibt doch seine weite Ausbreitung, selbst bis zu rohen Völkern, Anlaß zur Vermutung, daß der Grund dazu auf entfernte Art in der Natur selbst gelegen sei, welche nicht will, daß immer die alten Formen wieder reproduziert werden, sondern alle Mannigfaltigkeit herausgebracht werden soll, die sie in die ursprüngliche Keime des Menschenstamms gelegt hatte. Ein gewisser Grad der Gleichförmigkeit, der sich in einem Familien- oder so gar Volksschlage hervorfindet, darf auch nicht der halbschlächtigen Anartung ihrer Charaktere (welche meiner Meinung nach in Ansehung der Varietäten gar nicht statt findet) zugeschrieben werden. Denn das Übergewicht der Zeugungskraft des einen oder andern Teils verehlichter Personen, da bisweilen fast alle Kinder in den väterlichen, oder alle in den mütterlichen Stamm einschlagen, kann, bei der anfänglich großen Verschiedenheit der Charaktere, durch Wirkung und Gegenwirkung, nämlich dadurch, daß die Nachartungen auf der einen Seite immer seltener werden, die Mannigfaltigkeit vermindern und eine gewisse Gleichförmigkeit (die nur fremden Augen sichtbar ist) hervorbringen. Doch das ist nur meine beiläufige Meinung, die ich dem beliebigen Urteile des Lesers Preis gebe. Wichtiger ist, daß bei andern Tieren fast alles, was man an ihnen Varietät nennen möchte (wie die Größe, die Hautbeschaffenheit etc.), halbschlächtig anartet, und dieses, wenn man den Menschen, wie billig, nach der | Analogie mit Tieren (in Absicht auf die Fortpflanzung) betrachtet, einen Einwurf wider meinen Unterschied der Rassen von Varietäten zu enthalten scheint. Um hierüber

[1] Akad.-Ausg.: »Vermischungen«.

|A 51, 52

zu urteilen, muß man schon einen höheren Standpunkt der Erklärung dieser Natureinrichtung nehmen, nämlich den, daß vernunftlose Tiere, deren Existenz bloß als Mittel einen Wert haben kann, darum zu verschiedenem Gebrauche verschiedentlich schon in der Anlage (wie die verschiedenen Hunderassen, die nach Buffon von dem gemeinschaftlichen Stamme des Schäferhundes abzuleiten sind) ausgerüstet sein mußten; dagegen die größere Einhelligkeit des Zwecks in der Menschengattung so große Verschiedenheit anartender Naturformen nicht erheischte; die notwendig anartende also nur auf die Erhaltung der Spezies in einigen wenigen von einander vorzüglich unterschiedenen Klimaten angelegt sein durften. Jedoch, da ich nur den Begriff der Rassen habe verteidigen wollen, so habe ich nicht nötig, mich wegen des Erklärungsgrundes der Varietäten zu verbürgen.

| Nach Aufhebung dieser Sprachuneinigkeit, die öfters an einem Zwiste mehr schuld ist, als die in Prinzipien, hoffe ich nun weniger Hindernis wider die Behauptung meiner Erklärungsart anzutreffen. Herr F. ist darin mit mir einstimmig, daß er wenigstens eine erbliche Eigentümlichkeit unter den verschiedenen Menschengestalten, nämlich die der Neger und der übrigen Menschen, groß genug findet, um sie nicht für bloßes Naturspiel und Wirkung zufälliger Eindrücke zu halten, sondern dazu ursprünglich dem Stamme einverleibte Anlagen, und spezifische Natureinrichtung fodert. Diese Einhelligkeit unserer Begriffe ist schon wichtig, und macht auch in Ansehung der beiderseitigen Erklärungsprinzipien Annäherung möglich; anstatt daß die gemeine seichte Vorstellungsart, alle Unterschiede unserer | Gattung auf gleichen Fuß, nämlich den des Zufalls, zu nehmen, und sie noch immer entstehen und vergehen zu lassen, wie äußere Umstände es fügen, alle Untersuchungen dieser Art für überflüssig und hiemit selbst die Beharrlichkeit der Spezies in derselben zweckmäßigen Form für nichtig erklärt. Zwei Verschiedenheiten unserer Begriffe bleiben nur noch, die aber nicht so weit aus einander sind, um eine nie beizulegende Mißhelligkeit notwendig zu machen: die erste ist,

daß gedachte erbliche Eigentümlichkeiten, nämlich die der Neger zum Unterschiede von allen andern Menschen, die einzigen sind, welche für ursprünglich eingepflanzt gehalten zu werden verdienen sollen; da[1] ich hingegen noch mehrere (die der Indier und Amerikaner, zu der der Weißen hinzugezählt) zur vollständigen klassifischen Einleitung[2] eben sowohl berechtigt zu sein urteile: die zweite Abweichung, welche aber nicht so wohl die Beobachtung (Naturbeschreibung) als die anzunehmende Theorie (Naturgeschichte) betrifft, ist: daß Hr. F. zum Behuf der Erklärung dieser Charaktere zwei ursprüngliche Stämme nötig findet; da, nach meiner Meinung (der ich sie mit Hrn. F. gleichfalls für ursprüngliche Charaktere halte), es möglich, und dabei der philosophischen Erklärungsart angemessener ist, sie als Entwickelung in einem Stamme eingepflanzter zweckmäßiger erster Anlagen anzusehen; welches denn auch keine so große Zwistigkeit ist, daß die Vernunft sich nicht hierüber ebenfalls die Hand böte, wenn man | bedenkt, daß der physische erste Ursprung organischer Wesen uns beiden, und überhaupt der Menschenvernunft unergründlich bleibt, eben so wohl als das halbschlächtige Anarten in der Fortpflanzung derselben. Da das System der gleich anfangs getrennten und in zweierlei Stämmen isolierten, gleichwohl aber nachher in der Vermischung der vorher abgesonderten, einträchtig wieder zusammenschmelzenden Keime nicht die mindeste Erleichterung für die Begreiflichkeit durch Vernunft mehr verschafft, als das der in einem und demselben Stamme ursprünglich eingepflanzten verschiedenen, sich in der Folge zweckmäßig für die erste allgemeine Bevölkerung entwickelnden Keime; und die letztere Hypothese dabei noch den[3] Vorzug der Ersparnis verschiedener Lokalschöpfungen bei sich führt: da ohnedem an Ersparnis teleologischer Erklärungsgründe, um sie durch physische zu ersetzen, bei organisierten Wesen, in dem was die Erhaltung ihrer Art angeht, gar nicht zu denken ist, und die letztere Erklärungsart also der Naturforschung keine neue

[1] Cassirer: »verdienen; da«. – [2] Akad.-Ausg.: »Eintheilung«. – [3] Akad.-Ausg.: »dabei doch den«.

|A 109

Last auflegt, über die, welche sie ohnedem niemals los werden kann, nämlich hierin lediglich dem Prinzip der Zwecke zu folgen: da auch Hr. F. eigentlich nur durch die Entdeckungen seines Freundes, des berühmten und philosophischen Zergliederers, Hrn. Sömmering, bestimmt worden, den Unterschied der Neger von andern Menschen erheblicher zu finden, als es denen wohl gefallen möchte, die gern alle erbliche Charaktere ineinander vermischen [1], und | sie als bloße zufällige Schattierungen ansehen möchten, und dieser vortreffliche Mann, der sich [2] für die vollkommene Zweckmäßigkeit der Negerbildung in betreff ihres Mutterlandes [3] erklärt,* indessen daß doch in dem Knochenbau des Kopfs eine begreiflichere Angemessenheit mit dem Klima eben [4] nicht abzusehen ist, als in der Organisation der Haut, diesem großen Absonderungswerkzeuge alles dessen, was aus dem Blute abgeführt werden soll, – folglich er diese von der ganzen übrigen ausgezeichneten Natureinrichtung derselben (wovon die Hautbeschaffenheit ein wichtiges Stück ist) zu verstehen scheint, und jene nur zu ihrem deutlichsten Wahrzeichen für [5] den Anatomiker aufstellt: so wird Hr. F. hoffentlich, wenn bewiesen ist, daß es noch andere sich eben so beharrlich vererbende, nach den Abstufungen des Klima gar nicht ineinander fließende, | sondern scharf abgeschnittene Eigentümlichkeiten, in weniger Zahl,

* Sömmering über die körperliche Verschiedenheit des Negers vom Europäer. S. 79. »Man findet am Bau des Negers Eigenschaften, die ihn für sein Klima zum vollkommensten, vielleicht zum vollkommenern Geschöpf als der Europäer [6] machen.« Der vortreffliche Mann bezweifelt (in derselben Schrift § 44) D. Schotts Meinung von der zu besserer Herauslassung schädlicher Materien geschickter organisierten Haut der Negern. Allein wenn man Linds (Von den Krankheiten der Europäer etc.) Nachrichten über die Schädlichkeit der durch sumpfichte Waldungen phlogistisierten Luft um den Gambiastrom, welche den englischen Matrosen so geschwinde tödlich wird, und in [7] der gleichwohl die Neger als in ihrem Elemente leben, damit verbindet, so bekommt jene Meinung doch viele Wahrscheinlichkeit.

[1] Akad.-Ausg.: »verwischen«. – [2] Akad.-Ausg.: »Mann sich«. – [3] Akad.-Ausg.: »seines Mutterlandes«. – [4] Akad.-Ausg.: »mit seinem Boden eben«. – [5] Akad.-Ausg.: »zum deutlichsten Wahrzeichen derselben für«. – [6] Akad.-Ausg.: »als den Europäer«. – [7] Akad.-Ausg.: »wird, in«.

gibt, ob sie gleich ins Fach der Zergliederungskunst nicht einschlagen, – nicht abgeneigt sein, ihnen einen gleichen Anspruch auf besondere ursprüngliche, zweckmäßig dem Stamme eingepflanzte Keime zuzugestehen. Ob aber der Stämme darum mehrere, oder nur Ein gemeinschaftlicher anzunehmen nötig sei, darüber werden wir[1] hoffentlich zuletzt noch wohl einig werden können.

Es würden also nur die Schwierigkeiten zu heben sein, die Hrn. F. abhalten, meiner Meinung, nicht sowohl in Ansehung des Prinzips, als vielmehr der Schwierigkeit, es allen Fällen der Anwendung gehörig anzupassen, beizutreten. In dem ersten Abschnitte seiner Abhandlung, Oktober 1786, S. 70, führt Hr. F. eine Farbenleiter der Haut durch, von den Bewohnern des nördlichen Europa über Spanien, Ägypten, Arabien, Abessinien, bis zum Äquator, von da aber wieder, in umgekehrter Abstufung, mit der Fortrückung in die temperierte südliche Zone, über die Länder der Kaffern und Hottentotten, (seiner Meinung nach) mit einer dem Klima der Länder so proportionierten Grundfolge des Braunen[2] bis ins Schwarze und wiederum zurück (wobei er, wiewohl ohne Beweis, annimmt, daß aus Nigritien hervorgegangene Kolonien, die sich gegen die Spitze von Afrika gezogen, allmählich, bloß durch die Würkung des Klima, in Kaffern und Hottentotten verwandelt sind), daß es ihn Wunder nimmt, | wie man noch hierüber habe wegsehen[3] können. Man muß sich aber billig noch mehr wundern, wie man über das bestimmt genug, und mit Grunde allein für entscheidend zu haltende Kennzeichen der unausbleiblichen[4] halbschlächtigen Zeugung, darauf hier doch alles ankommt, hat wegsehen können. Denn weder der nordlichste Europäer in der Vermischung mit denen von spanischen Blute, noch der Mauritanier oder Araber (vermutlich auch der mit ihm nahe verwandte Habessinier) in Vermischung mit zirkassischen Weibern, sind diesem Gesetze im mindesten unterworfen. Man hat auch nicht Ursache, ihre Farbe, nachdem das, was die Sonne ihres Landes jedem Individuum

[1] Akad.-Ausg.: »würden wir«. – [2] Akad.-Ausg.: »Gradfolge der braunen«. – [3] Akad.-Ausg.: »hat wegsehen«. – [4] Cassirer: »unausbleiblich«.

|A 112

der letzteren eindrückt, bei Seite gesetzt worden, für etwas anderes als die Brunette unter dem weißen Menschenschlag zu urteilen. Was aber das Negerähnliche der Kaffern, und, im mindern Grade, der Hottentotten in demselben Weltteile betrifft, welche vermutlich den Versuch der halbschlächtigen Zeugung bestehen würden: so ist im höchsten Grade wahrscheinlich, daß diese nichts anders als Bastarderzeugungen eines Negervolks mit denen von der ältesten Zeit her diese Küste besuchenden Arabern sein mögen. Denn woher findet sich nicht dergleichen angebliche Farbenleiter auch auf der Westküste von Afrika, wo vielmehr die Natur vom brunetten Araber oder Mauritanier zu den schwärzesten Negern am Senegal einen plötzlichen Sprung macht, ohne vorher die Mittelstraße der Kaffern durchgegangen zu sein? Hiemit fällt auch | der Seite 74 vorgeschlagene und zum voraus entschiedene Probeversuch weg, der die Verwerflichkeit meines Prinzips beweisen soll, nämlich, daß der schwarzbraune Habessinier, mit einer Kafferin vermischt, der Farbe nach keinen Mittelschlag geben würde, weil beider Farbe einerlei, nämlich schwarzbraun ist. Denn nimmt Hr. F. an: daß die braune Farbe des Habessiniers, in der Tiefe, wie sie die Kaffern haben, ihm angeboren sei, und zwar so, daß sie in vermischter Zeugung mit einer Weißen notwendig eine Mittelfarbe geben müßte: so würde der Versuch freilich so ausschlagen, wie Hr. F. will; er würde aber auch nichts gegen mich beweisen, weil die Verschiedenheit der Rassen doch nicht nach dem beurteilt wird, was an ihnen einerlei, sondern was an ihnen verschieden ist. Man würde nur sagen können, daß es auch tiefbraune Rassen gäbe, die sich vom Neger oder seinem Abstamme *in andern Merkmalen* (zum Beispiel, dem Knochenbau) unterscheiden; denn in Ansehung deren allein würde die Zeugung einen Blendling geben, und meine Farbenliste würde nur um Eine vermehrt werden. Ist aber die tiefe Farbe, die der in seinem Lande erwachsene Habessinier an sich trägt, nicht angeerbt, sondern nur, etwa wie die eines Spaniers, der in demselben Lande von klein auf erzogen wäre: so würde seine Natur-Farbe ohne Zweifel mit der der Kaffern

|A 113

einen Mittelschlag der Zeugung geben, der aber, weil der zufällige Anstrich durch die Sonne hinzukommt, verdeckt werden und ein gleichar|tiger Schlag (der Farbe nach) zu sein scheinen würde. Also beweiset dieser projektierte Versuch nichts wider die Tauglichkeit der notwendig-erblichen Hautfarbe zu einer Rassenunterscheidung, sondern nur die Schwierigkeit, dieselbe, so fern sie angeboren ist, an Orten richtig bestimmen zu können, wo die Sonne sie noch mit zufälliger Schminke überdeckt, und bestätigt die Rechtmäßigkeit meiner Foderung, Zeugungen von denselben Eltern im Auslande zu diesem Behuf vorzuziehen.

Von den letzteren haben wir nun ein entscheidendes Beispiel an der indischen Hautfarbe eines seit einigen Jahrhunderten in unsern nordischen Ländern sich fortpflanzenden Völkchens, nämlich den Zigeunern. Daß sie ein indisches Volk sind, beweiset ihre Sprache, unabhängig von ihrer Hautfarbe. Aber diese zu erhalten ist die Natur so hartnäckig geblieben, daß, ob man zwar ihre Anwesenheit in Europa bis auf zwölf Generationen zurück verfolgen kann, sie noch immer so vollständig zum Vorschein kommt, daß, wenn sie in Indien aufwüchsen, zwischen ihnen und den dortigen Landeseingebornen, allem Vermuten nach, gar kein Unterschied angetroffen werden würde. Hier nun noch zu[1] sagen, daß man noch 12 mal 12 Generationen erwarten[2] müsse, bis die nordische Luft ihre unerbende[3] Farbe völlig ausgebleicht haben würde, hieße den Nachforscher mit dilatorischen Antworten hinhalten, und Ausflüchte suchen. Ihre Farbe aber für bloße Varietät ausgeben, | wie die[4] des brünetten Spaniers gegen den Dänen, heißt das Gepräge der Natur bezweifeln. Denn sie zeugen mit unseren alten Eingebornen unausbleiblich halbschlächtige Kinder, welchem Gesetze die Rasse der Weißen in Ansehung keiner einzigen ihrer charakteristischen Varietäten unterworfen ist.

Aber Seite 155–156 tritt das wichtigste Gegenargument auf, wodurch, im Falle wo es[5] gegründet wäre, bewiesen

[1] Akad.-Ausg.: »nun zu«. – [2] Akad.-Ausg.: »warten«. – [3] Akad.-Ausg.: »anerbende«. – [4] Akad.-Ausg.: »wie etwa die«. – [5] Akad.-Ausg.: »Falle, daß es«.

werden würde, daß, wenn man mir auch meine ursprünglichen Anlagen einräumte, die Angemessenheit der Menschen zu ihren Mutterländern, bei ihrer Verbreitung über die Erdfläche damit doch nicht bestehen könne. Es ließe sich, sagt Hr. F., allenfalls noch verteidigen, daß gerade diejenigen Menschen, deren Anlage sich für dieses oder jenes Klima paßt, da oder dort durch eine weise Fügung der Vorsehung geboren würden: aber, fährt er fort, wie ist denn eben diese Vorsehung so kurzsichtig geworden, nicht auf eine zweite Verpflanzung zu denken, wo jener Keim, der nur für Ein Klima taugte, ganz zwecklos geworden wäre.

Was den ersten Punkt betrifft, so erinnere man sich, daß ich jene erste Anlagen nicht als unter verschiedene Menschen verteilt – denn sonst wären es so viel verschiedene Stämme geworden – sondern im ersten Menschenpaare als vereinigt angenommen hatte; und so paßten ihre Abkömmlinge, an denen noch die ganze ursprüngliche Anlage für alle künftige Abartungen | ungeschieden ist, zu allen Klimaten (in potentia), nämlich so, daß sich derjenige Keim, der sie demjenigen Erdstriche, in welchem sie oder ihre frühe Nachkommen geraten würden, angemessen machen würde, daselbst entwickeln könnte. Also bedurfte es nicht einer besonderen weisen Fügung, sie in solche Örter zu bringen, wo ihre Anlagen passeten; sondern, wo sie zufälliger Weise hinkamen und lange Zeit ihre Generation fortsetzten, da entwickelte sich der für diese Erdgegend in ihrer Organisation befindliche, sie einem solchen Klima angemessen machende Keim. Die Entwickelung der Anlagen richtete sich nach den Örtern, und nicht, wie es Hr. F. mißversteht, mußten etwa die Örter nach den schon entwickelten Anlagen ausgesucht werden. Dieses alles versteht sich aber nur von der ältesten Zeit, welche lange gnug (zur allmählichen Erdbevölkerung) gewähret haben mag, um allererst einem Volke, das eine bleibende Stelle hatte, die zur Entwickelung seiner derselben angemessenen Anlagen erforderliche Einflüsse des Klima und Bodens zu verschaffen. Aber nun, fährt er fort, wie[1] ist nun derselbe Verstand, der

[1] Akad.-Ausg.: »Aber nun fährt er fort: Wie«.

|A 116

hier so richtig ausrechnete, welche Länder und welche Keime zusammen treffen sollten (sie mußten, nach dem Vorigen, immer zusammentreffen, wenn man auch will, daß sie nicht ein Verstand, sondern nur dieselbe Natur, die die Organisation der Tiere so durchgängig zweckmäßig innerlich eingerichtet hatte, auch für ihre Erhaltung eben so sorgfältig ausgerüstet habe), auf ein|mal so kurzsichtig geworden, daß er nicht auch den Fall einer zweiten Verpflanzung vorausgesehen? Dadurch wird ja die angeborne Eigentümlichkeit, die nur für Ein Klima taugt, gänzlich zwecksIos u.s.w.

Was nun diesen zweiten Punkt des Einwurfs betrifft, so räume ich ein, daß jener Verstand, oder, wenn man lieber will, jene von selbst zweckmäßig wirkende Natur, nach schon entwickelten Keimen, auf Verpflanzung in der Tat gar nicht Rücksicht getragen habe, ohne[1] doch deshalb der Unweisheit und Kurzsichtigkeit beschuldigt werden zu dürfen. Sie hat vielmehr, durch ihre veranstaltete Angemessenheit zum Klima, die Verwechselung desselben, vornehmlich des warmen mit dem kältern, verhindert. Denn eben diese übele Anpassung des neuen Himmelsstrichs, zu dem schon angearteten Naturell der Bewohner des alten, hält sie von selbst davon ab. Und wo haben Indier oder Neger sich in nordlichen Gegenden auszubreiten gesucht? – Die aber dahin vertrieben sind, haben in ihrer Nachkommenschaft (wie die kreolischen Neger oder Indier, unter dem Namen der Zigeuner) niemals einen zu ansässigen Landanbauern oder Handarbeitern tauglichen Schlag abgeben wollen.*

* Die letztere Bemerkung wird hier nicht als beweisend angeführt, ist aber doch nicht unerheblich. In Hrn. Sprengels Beiträgen 5tem Teile S. 286–287[2] führt ein sachkundiger Mann gegen Ramsays Wunsch, alle Negersklaven als freie Arbeiter zu brauchen, an: daß unter den vielen tausend freigelassenen | Negern, die man in Amerika und in England antrifft, er kein Beispiel kenne, daß irgend einer ein Geschäfte treibe, was man eigentlich Arbeit nennen kann, vielmehr, daß sie ein leichtes Handwerk, welches sie vormals als Sklaven zu treiben gezwungen waren, alsbald aufgeben, wenn sie in Freiheit kommen, um dafür Höker, elende Gastwirte, Liverei-Bediente, auf den Fischzug oder Jagd ausgehende, mit einem Worte Umtreiber zu werden. Eben das findet man auch an den Zigeunern unter uns. Derselbe Verfasser be-

[1] Akad.-Ausg.: »getragen, ohne«. – [2] Akad.-Ausg.: »S. 287–292«.

|A 117 Anm.: |A 118

| Aber eben das, was Hr. F. für eine unüberwindliche Schwierigkeit gegen mein Prinzip hält, wirft in einer gewissen Anwendung das vorteilhafteste Licht | auf dieselbe, und löset Schwierigkeiten, wider die keine andere Theorie etwas vermag. Ich nehme an, daß viele Generationen, von der Zeit des Anfangs der Menschengattung, über die allmähliche Entwickelung der zur völligen Anartung an ein Klima in ihr befindlichen Anlagen erforderlich gewesen, und daß[3] darüber die, großenteils durch gewaltsame Natur-Revolutionen erzwungene, Verbreitung derselben über den be-

merkt hiebei: daß nicht etwa das nordliche Klima sie zur Arbeit ungeneigt mache; denn sie halten, wenn sie hinter dem Wagen ihrer Herrschaften, oder in den ärgsten Winternächten in den kalten Eingängen der Theater (in England) warten müssen, doch lieber aus, als beim Dreschen[1], Graben, Lasten tragen, u.s.w. Sollte man hieraus nicht schließen: daß es, außer dem Vermögen zu Arbeiten, noch einen unmittelbaren, von aller Anlockung unabhängigen Trieb zur Tätigkeit (vornehmlich der anhaltenden, die man Emsigkeit nennt) gebe, der mit gewissen Naturanlagen besonders verwebt ist, und daß Indier sowohl als Neger nicht mehr von diesem Antriebe in andere Klimaten mitbringen und vererben, als sie für ihre Erhaltung in ihrem alten Mutterlande bedurften und von der Natur empfangen hatten, und daß diese innere Anlage eben so wenig erlösche, als die äußerlich sichtbare. Die weit mindern Bedürfnisse aber in jenen Ländern, und die wenige Mühe, die es erfordert, sich auch nur diese zu verschaffen, erfordern keine größern Anlagen zur Tätigkeit. – Hier will ich noch etwas aus Marsdens gründlicher Beschreibung von Sumatra (S. Sprengels Beiträge 6ter Teil | S. 198–199) anführen. »Die Farbe ihrer (der Rejangs) Haut ist gewohnlich gelb, ohne die Beimischung von Rot, welche die Kupferfarbe hervorbringt. Sie sind beinahe durchgängig etwas heller von Farbe als die Mestizen in andern Gegenden von Indien. Die weiße Farbe der Einwohner von Sumatra, in Vergleichung mit andern Völkern eben des Himmelsstrichs, ist meines Erachtens ein starker Beweis, daß die Farbe der Haut keineswegs unmittelbar von dem Klima abhängt. (Eben das sagt er von dort gebornen Kindern der Europäer und Negern in der zweiten Generation, und vermutet, daß die dunklere Farbe der Europäer, die sich hier lange aufgehalten haben, eine Folge der vielen Gallenkrankheiten sei, denen dort alle ausgesetzt sind.) Hier muß ich noch bemerken, daß die Hände der Eingebornen und Mestizen[2], unerachtet des heißen Klima, gewöhnlich kalt sind (ein wichtiger Umstand, der Anzeige gibt, daß die eigentümliche Hautbeschaffenheit von keinen oberflächlichen äußeren Ursachen herrühren müsse).«

[1] Akad.-Ausg.: »als Dreschen«. – [2] Akad.-Ausg.: »und der Mestizen«. – [3] Akad.-Ausg.: »gewesen, daß«.

trächtlichsten Teil der Erde, nur mit[1] kümmerlicher Vermehrung der Art hat geschehen können. Wenn nun auch durch diese Ursachen ein Völkchen der alten Welt aus südlichern Gegenden | in die nordlichern getrieben worden: so muß die Anartung – die, um den vorigen angemessen zu werden, vielleicht noch nicht vollendet war – allmählich in Stillstand gesetzt, dagegen einer entgegengesetzten Entwickelung der Anlagen, nämlich für das nordliche Klima, Platz gemacht haben. Setzet nun, dieser Menschenschlag hätte sich nordostwärts immer weiter bis in Amerika[2] herübergezogen – eine Meinung, die geständlich die größte Wahrscheinlichkeit hat –, so wären, ehe er sich in diesem Weltteile wiederum beträchtlich nach Süden verbreiten konnte, seine Naturanlagen schon so weit entwickelt worden als[3] es möglich ist, und diese Entwickelung, nun als vollendet, müßte alle fernere Anartung an ein neues Klima unmöglich gemacht haben. Nun wäre also eine Rasse gegründet, die bei ihrem Fortrücken nach Süden für alle Klimaten immer einerlei, in der Tat also keinem gehörig angemessen ist, weil die südliche Anartung vor ihrem Ausgange in der Hälfte ihrer Entwickelung unterbrochen, durch die ans nordliche Klima abgewechselt, und so der beharrliche Zustand dieses Menschenhaufens gegründet worden. In der Tat versichert Don Ulloa (ein vorzüglich wichtiger Zeuge, der die Einwohner von Amerika in beiden Hemisphären kannte), die charakteristische Gestalt der Bewohner dieses Weltteils durchgängig sehr ähnlich befunden zu haben. Was die Farbe betrifft, so beschreibt sie einer der neuern Seereisenden, dessen Namen ich jetzt nicht mit Sicherheit nennen kann, wie Eisenrost mit Öl ver|mischt. Daß aber ihr Naturell zu keiner völligen Angemessenheit mit irgend einem Klima gelangt ist, läßt sich auch daraus abnehmen, daß schwerlich ein anderer Grund angegeben werden kann, warum diese Rasse, zu schwach für schwere Arbeit, zu gleichgültig für emsige, und unfähig zu aller Kultur (wozu sich doch in der Naheit Beispiel und Aufmunterung ge-

[1] Akad.-Ausg.: »Erde, mit«. – [2] Akad.-Ausg.: »bis nach Amerika«.
[3] Akad.-Ausg.: »entwickelt, als«.

|A 120, 121

nug findet), noch tief unter dem Neger selbst steht, welcher doch die niedrigste unter allen übrigen Stufen einnimmt, die wir als Rassenverschiedenheiten genannt haben.

Nun halte man alle andere mögliche Hypothesen an dies Phänomen. Wenn man nicht die von Hrn. F. schon in Vorschlag gebrachte besondere Schöpfung des Negers, mit einer zweiten, nämlich des Amerikaners, vermehren will, so bleibt keine andere Antwort übrig, als daß Amerika zu *kalt*, oder zu *neu* sei, um die Abartung der Neger oder gelben Indier jemals hervorzubringen, oder in so kurzer Zeit, als es bevölkert ist, schon hervorgebracht zu haben. Die *erste* Behauptung ist, was das heiße Klima dieses Weltteils betrifft, jetzt genugsam widerlegt; und, was die *zweite* betrifft, daß nämlich, wenn man nur noch einige Jahrtausende zu warten Geduld hätte, sich die Neger (wenigstens der erblichen Hautfarbe nach) wohl dereinst hier auch durch den allmählichen Sonneneinfluß hervorfinden würden: so müßte man erst gewiß sein, daß Sonne und Luft solche Einpfropfungen verrichten kön|nen, um sich durch einen so ins Weite gestellten, immer nach Belieben weiter hinaus zu rückenden, bloß vermuteten Erfolg nur gegen *Einwürfe* zu verteidigen; wie viel weniger kann, da jenes selbst noch gar sehr bezweifelt wird, eine bloß beliebige Vermutung den *Tatsachen* entgegen gestellt werden?

Eine wichtige Bestätigung der Ableitung der unausbleiblich erblichen Verschiedenheiten, durch Entwickelung ursprünglich und zweckmäßig in einem Menschenstamme für die Erhaltung der Art zusammenbefindlicher Anlagen, ist: daß die daraus entwickelten Rassen nicht *sporadisch* (in allen Weltteilen, in einerlei Klima, auf gleiche Art) verbreitet, sondern *zykladisch* in vereinigten Haufen, die sich innerhalb der Grenzlinie eines Landes, worin jede derselben sich hat bilden können, verteilt, angetroffen werden. So ist die *reine* Abstammung der *Gelbfarbigen* innerhalb den Grenzen von *Hindostan* eingeschlossen, und das nicht weit davon entfernte *Arabien*, welches großen Teils gleichen[1] Himmelsstrich einnimmt, enthält nichts davon;

[1] Cassirer: »großenteils den gleichen«.

|A 122

beide aber enthalten keine Neger, die nur in Afrika, zwischen dem Senegal und Capo Negro (und so weiter im Inwendigen dieses Weltteils) zu finden sind; indessen das ganze Amerika weder die einen noch die andern, ja gar keinen Rassencharakter der alten Welt (die[1] Eskimos ausgenommen, die, nach verschiedenen so wohl von ihrer Gestalt, als selbst ihrem Talent | hergenommenen Charakteren, spätere Ankömmlinge aus einem der alten Weltteile zu sein scheinen). Jede dieser Rassen ist gleichsam isoliert, und da sie bei dem gleichen Klima doch von einander, und zwar durch einen dem Zeugungsvermögen einer jeden derselben unabtrennlich anhängenden Charakter sich unterscheiden: so machen sie die Meinung von dem Ursprunge des letzteren aus der Wirkung des[2] Klima sehr unwahrscheinlich, bestätigen dagegen die Vermutung einer zwar durchgängigen Zeugungsverwandtschaft durch Einheit der Abstammung, aber zugleich die von einer in ihnen selbst, nicht bloß im Klima, liegenden Ursache des klassifischen Unterschiedes derselben, welcher lange Zeit erfordert haben muß, um seine Wirkung, angemessen dem Orte der Fortpflanzung, zu tun, und nachdem diese einmal zu Stande gekommen, durch keine Versetzungen neue Abartungen mehr möglich werden läßt, welche denn für nichts anders, als eine sich allmählich zweckmäßig entwickelnde, in den Stamm gelegte, auf eine gewisse Zahl nach den Hauptverschiedenheiten der Lufteinflüsse eingeschränkte, ursprüngliche Anlage gehalten werden kann. Diesem Beweisgrunde scheint die in den zu Südasien und so weiter ostwärts zum Stillen Ozean gehörigen Inseln zerstreute Rasse der Papuas, welche ich, mit Kapt. Forrester, Kaffern genannt habe (weil er vermutlich teils in der Hautfarbe, teils in dem Kopf- und Barthaare, welche sie, der Eigenschaft der Neger zuwider, zu ansehnlichem | Umfange auskämmen können, Ursache gefunden, sie nicht Neger zu nennen), Abbruch zu tun. Aber die daneben anzutreffende wundersame Zerstreuung noch anderer Rassen, nämlich der Haraforas und gewisser mehr

[1] Cassirer: »Welt aufzeigen kann, (die«. – [2] Akad.-Ausg.: »Ursprunge der letzteren als Wirkungen des«.

dem reinen indischen Stamme ähnlicher Menschen, macht es wieder gut, weil es auch den Beweis für die Wirkung des Klima auf ihre Erbeigenschaft schwächt, indem diese in einem und demselben Himmelsstriche doch so ungleichartig ausfällt. Daher man auch mit gutem Grunde sie nicht für Aborigines, sondern, durch wer weiß welche Ursache (vielleicht eine mächtige Erd-Revolution, die von Westen nach Osten gewirkt haben muß), aus ihren Sitzen vertriebene Fremdlinge (jene Papuas etwa aus Madagaskar) zu halten wahrscheinlich findet. Mit den Einwohnern von Frevilleiland, von denen ich Carterets Nachricht aus dem Gedächtnisse (vielleicht unrichtig) anführete, mag es also beschaffen sein wie es wolle, so wird man die Beweistümer der Entwickelung der Rassenunterschiede in dem vermutlichen Wohnsitze ihres Stammes auf dem Kontinent, und nicht auf den Inseln, die allem Ansehen nach allererst nach längst vollendeter Wirkung der Natur bevölkert worden, zu suchen haben.

Soviel zu Verteidigung meines Begriffs von der Ableitung der erblichen Mannigfaltigkeit organischer Geschöpfe einer und derselben Naturgattung (species naturalis, so fern sie durch ihr Zeugungsvermögen in | Verbindung stehen und von Einem Stamme entsprossen sein* können) zum Unterschiede von der Schulgattung (species artificialis, so fern sie unter einem gemeinschaftlichen Merkmale der

* Zu einem und demselben Stamme zu gehören bedeutet nicht so fort, von einem einzelnen ursprünglichen Paare erzeugt zu sein; es will nur soviel sagen: die Mannigfaltigkeiten, die jetzt in einer gewissen Tiergattung anzutreffen sind, dürfen darum nicht als so viel ursprüngliche Verschiedenheiten angesehen werden. Wenn nun der erste Menschenstamm aus noch so viel Personen (beiderlei Geschlechts), die aber alle gleichartig waren, bestand, so kann ich eben so gut die jetzigen Menschen von einem einzigen Paare, als von vielen derselben ableiten. Hr. F. hält mich im Verdacht, daß ich das letztere, als ein Faktum und zwar zufolge einer Autorität, behaupten wolle; allein es ist nur die Idee, die ganz natürlich aus der Theorie folgt. Was aber die Schwierigkeit betrifft, daß, wegen der reißenden Tiere, das menschliche Geschlecht mit seinem Anfange von einem einzigen Paare schlecht gesichert gewesen sein würde, so kann ihm diese keine sonderliche Mühe machen. Denn seine allgebärende Erde durfte dieselbe nur später als die Menschen hervorgebracht haben.

bloßen Vergleichung stehen), davon die erstere zur Naturgeschichte, die zweite zur Naturbeschreibung gehört. Jetzt noch etwas über das eigne System des Hrn. F. von dem Ursprunge desselben. Darin sind wir beide einig, daß alles in einer Naturwissenschaft *natürlich* müsse erklärt werden, weil es sonst zu dieser Wissenschaft nicht gehören würde. Diesem Grundsatze bin ich so sorgfältig gefolgt, daß | auch ein scharfsinniger Mann (Hr. O. C. R. *Büsching* in der Rezension meiner obgedachten Schrift), wegen der Ausdrücke von Absichten, von Weisheit und Vorsorge etc. der Natur, mich zu einem *Naturalisten*, doch mit dem Beisatze *von eigner Art*, macht, weil ich in Verhandlungen, welche die bloße Naturkenntnisse und, wie weit diese reichen, angehen (wo es ganz schicklich ist, sich *teleologisch* auszudrücken), es nicht ratsam finde, eine *theologische* Sprache zu führen; um jeder Erkenntnisart ihre Grenzen ganz sorgfältig zu bezeichnen.

Allein eben derselbe Grundsatz, daß alles in der Naturwissenschaft natürlich erklärt werden müsse, bezeichnet zugleich die Grenzen derselben. Denn man ist zu ihrer äußersten Grenze gelangt, wenn man den letzten unter allen Erklärungsgründen braucht, der noch durch *Erfahrung* bewährt werden kann. Wo diese aufhören, und man mit selbst erdachten Kräften der Materie, nach unerhörten und keiner Belege fähigen Gesetzen, es anfangen muß, da ist man schon über die Naturwissenschaft hinaus, ob man gleich noch immer Naturdinge als Ursachen nennt, zugleich aber ihnen Kräfte beilegt, deren Existenz durch nichts bewiesen, ja sogar ihre Möglichkeit mit der Vernunft schwerlich vereinigt werden kann. Weil der Begriff eines organisierten Wesens es schon bei sich führt, daß es eine Materie sei, in der alles wechselseitig als Zweck und Mittel auf einander in Beziehung steht, und dies sogar nur als | *System von Endursachen* gedacht werden kann, mithin die Möglichkeit desselben nur eine teleologische [1], keinesweges aber physisch-mechanische Erklärungsart, wenigstens der *menschlichen* Vernunft, übrig läßt: so kann in der Physik nicht

[1] Akad.-Ausg.: »nur teleologische«.

nachgefragt werden, woher denn alle Organisierung selbst ursprünglich herkomme? Die Beantwortung dieser Frage würde, wenn sie überhaupt für uns zugänglich ist, offenbar außer der Naturwissenschaft in der Metaphysik liegen. Ich meinerseits leite alle Organisation von organischen Wesen (durch Zeugung) ab, und spätere Formen (dieser Art Naturdinge) nach Gesetzen der allmählichen Entwickelung von ursprünglichen Anlagen (dergleichen sich bei den Verpflanzungen der Gewächse häufig antreffen lassen), die in der Organisation ihres Stammes anzutreffen waren. Wie dieser Stamm selbst entstanden sei, diese Aufgabe liegt gänzlich über die Grenzen aller dem Menschen möglichen Physik hinaus, innerhalb denen ich doch glaubte mich halten zu müssen.

Ich fürchte daher für Hrn. F. System nichts von einem Ketzergerichte (denn das würde sich hier eben so wohl eine Gerichtsbarkeit außer seinem Gebiete anmaßen), auch stimme ich erforderlichen Falles auf eine philosophische Jury (S. 166) von bloßen Naturforschern, und glaube doch kaum, daß ihr Ausspruch für ihn günstig ausfallen dürfte. „Die kreißende Erde (S. 80), welche Tiere und Pflanzen ohne Zeugung von | ihres gleichen, aus ihrem weichen, vom Meeresschlamme befruchteten Mutterschoße, entspringen ließ, die darauf gegründete Lokalzeugungen organischer Gattungen, da Afrika seine Menschen (die Neger), Asien die seinige (alle übrige), (S. 158) hervorbrachte, die[1] davon abgeleitete Verwandtschaft aller in einer unmerklichen Abstufung vom Menschen zum Walfische (S. 77) und so weiter hinab (vermutlich bis zu Moosen und Flechten, nicht bloß im Vergleichungssystem, sondern im Erziehungssystem[2] aus gemeinschaftlichen Stamme) gehenden Naturkette* or-

* Über diese, vornehmlich durch Bonnet sehr beliebt gewordene Idee verdient des Hrn. Prof. Blumenbach Erinnerung (Handbuch der Naturgeschichte 1779 Vorrede § 7) gelesen zu werden. Dieser einsehende Mann legt auch den Bildungstrieb, durch den er so viel Licht in die Lehre der Zeugungen gebracht hat, nicht der unorganischen Materie, sondern nur den Gliedern organisierter Wesen bei.

[1] Akad.-Ausg.: »übrige) hervorbrachte (S. 158), die«. – [2] Akad.-Ausg.: »Erzeugungssystem«.

|A 128

ganischer Wesen" – diese würden zwar nicht machen, daß der Naturforscher davor, als vor einem Ungeheuer (S. 75), zurückbebte (denn es ist ein Spiel, womit sich wohl mancher irgend einmal unterhalten hat, das er aber, weil damit nichts ausgerichtet wird, wieder aufgab), er würde aber doch davon durch die Betrachtung zurückgescheucht werden, daß er sich hiedurch unvermerkt von dem fruchtbaren Boden der Naturforschung in die Wüste der Metaphysik verirre. Zudem kenne ich noch eine eben nicht (S. 75) unmännliche Furcht, nämlich vor | allem zurückzubeben, was die Vernunft von ihren ersten Grundsätzen abspannt, und ihr es erlaubt macht, in grenzlosen Einbildungen herumzuschweifen. Vielleicht hat Hr. F. auch hiedurch nur irgend einem Hypermetaphysiker (denn dergleichen gibt's auch, die nämlich die Elementarbegriffe nicht kennen, die sie auch zu verachten sich anstellen, und doch heroisch auf Eroberungen ausgehen) einen Gefallen tun, und Stoff für dessen Phantasie geben wollen, um sich hernach hierüber zu belustigen.

Wahre Metaphysik kennt die Grenzen der menschlichen Vernunft, und unter anderen diesen ihren Erbfehler, den sie nie verleugnen kann: daß sie schlechterdings keine Grundkräfte a priori erdenken kann und darf (weil sie alsdenn lauter leere Begriffe aushecken würde), sondern nichts weiter tun kann, als die, so ihr die Erfahrung lehrt (so fern sie nur dem Anscheine nach verschieden, im Grunde aber identisch sind), auf die kleinstmögliche Zahl zurück zu führen, und die dazu gehörige Grundkraft, wenn's die Physik gilt, in der Welt, wenn es aber die Metaphysik angeht (nämlich die nicht weiter abhängige anzugeben), allenfalls außer der Welt zu suchen. Von einer Grundkraft aber (da wir sie nicht anders als durch die Beziehung einer Ursache auf eine Wirkung kennen) können wir keinen andern Begriff geben und keinen Namen dafür[1] ausfinden, als der von der Wirkung hergenommen ist und gerade nur die|se Beziehung ausdrückt.* Nun ist der Begriff eines organisierten

* Z. B. die Einbildung im Menschen ist eine Wirkung, die wir mit andern Wirkungen des Gemüts nicht als einerlei erkennen. Die

[1] Akad.-Ausg.: »und keine Benennung dafür«.

Wesens dieser: daß es ein materielles Wesen sei, welches nur durch die Beziehung alles dessen, | was in ihm enthalten ist, auf einander als Zweck und Mittel, möglich ist (wie auch wirklich jeder Anatomiker, als Physiolog, von diesem Begriffe ausgeht). Eine Grundkraft, durch die eine Organisation gewirkt würde, muß also als eine nach Zwecken wirkende Ursache gedacht werden, und zwar so, daß diese Zwecke der Möglichkeit der Wirkung zum Grunde gelegt werden müssen. Wir kennen aber dergleichen Kräfte, ihrem Bestimmungsgrunde nach, durch Erfahrung, nur in uns selbst, nämlich an unserem Verstande und Willen, als einer Ursache der Möglichkeit gewisser ganz nach Zwecken eingerichteter Produkte, nämlich der Kunstwerke. Verstand und Wille sind bei uns Grundkräfte, deren der letztere, so fern er durch den erstern bestimmt wird, ein Vermögen ist, etwas gemäß einer Idee, die Zweck genannt wird, hervorzubringen. Unabhängig von aller Erfahrung aber sollen wir uns keine neue Grundkraft erdenken, dergleichen doch diejenige sein würde, die in einem Wesen

Kraft, die sich darauf bezieht, kann daher nicht anders als Einbildungskraft (als Grundkraft) genannt werden. Eben so sind, unter dem Titel der bewegenden Kräfte, Zurückstoßungs- und Anziehungskraft Grundkräfte. Zu der Einheit der Substanz haben verschiedene geglaubt eine einige Grundkraft annehmen zu müssen, und haben sogar gemeint, sie zu erkennen, indem sie bloß den gemeinschaftlichen Titel verschiedener Grundkräfte nannten, z. B. die einzige Grundkraft der Seele sei Vorstellungskraft der Welt; gleich als ob ich sagte: die einzige Grundkraft der Materie ist bewegende Kraft, weil Zurückstoßung und Anziehung beide unter dem gemeinschaftlichen Begriffe der Bewegung stehen. Man verlangt aber zu wissen, ob sie auch von dieser abgeleitet werden können, welches unmöglich ist. Denn die niedrigern Begriffe können, nach dem was sie Verschiedenes haben, von dem höheren niemals abgeleitet werden; und was die Einheit der Substanz betrifft, von der es scheint, daß sie die Einheit der Grundkraft schon in ihrem Begriffe bei sich führe, so beruht diese Täuschung auf einer unrichtigen Definition der Kraft. Denn diese ist nicht das, was den Grund der Wirklichkeit der Akzidenzen enthält (denn das[1] ist die Substanz), sondern ist bloß das Verhältnis der Substanz zu den Akzidenzen, so ferne sie den Grund ihrer Wirklichkeit enthält. Es können aber der Substanz (unbeschadet ihrer Einheit) verschiedene Verhältnisse gar wohl beigelegt werden.

[1] Akad.-Ausg.: »enthält (das«.

|A 131

zweckmäßig wirkte, ohne doch den Bestimmungsgrund in einer *Idee* zu haben. Also ist der Begriff von dem Vermögen eines Wesens, aus sich selbst *zweckmäßig*, aber *ohne Zweck* und Absicht, die in ihr oder ihrer Ursache[1] lägen, zu wirken – als eine besondere Grundkraft, von der die Erfahrung kein Beispiel gibt – völlig erdichtet und leer, d. i. ohne die mindeste Gewährleistung, daß ihr überhaupt irgend ein Objekt korrespondieren könne. Es mag also die Ursache organisierter Wesen *in* der Welt oder *außer* | der Welt anzutreffen sein, so müssen wir entweder aller Bestimmung ihrer Ursache entsagen, aber ein[2] *intelligentes Wesen* uns dazu denken; nicht, als ob wir (wie der sel. Mendelssohn mit anderen glaubte) einsähen, daß eine solche Wirkung aus einer andern Ursache *unmöglich* sei: sondern, weil wir, um eine andere Ursache mit Ausschließung der Endursachen zum Grunde zu legen, uns eine Grundkraft *erdichten* müßten, wozu die Vernunft durchaus keine Befugnis hat, weil es ihr alsdenn keine Mühe machen würde, alles, *was* sie will und *wie* sie will, zu erklären.

* * *

Und nun die Summe von allen diesem gezogen! *Zwecke* haben eine gerade Beziehung auf *Vernunft*, sie mag nun eine fremde[3], oder unsere eigene sein[4]. Allein, um sie auch in fremder Vernunft zu setzen, müssen wir unsere eigene, wenigstens als ein Analogon derselben, zum Grunde legen; weil sie ohne diese gar nicht vorgestellt werden können. Nun sind die Zwecke entweder Zwecke der *Natur*, oder der *Freiheit*. Daß es in der Natur Zwecke geben müsse, kann kein Mensch a priori einsehen; dagegen er a priori ganz wohl einsehen kann, daß es darin eine Verknüpfung der Ursachen und Wirkungen geben müsse. Folglich ist der Gebrauch des teleologischen Prinzips in Ansehung der Natur jederzeit empirisch bedingt. Eben so würde es mit den Zwecken der Freiheit bewandt sein, wenn dieser vorher die Gegenstände

[1] Akad.-Ausg.: »in ihm oder seiner Ursache«. – [2] Akad.-Ausg.: »entsagen, oder ein«. – [3] Akad.-Ausg.: »auf die *Vernunft*, sie mag nun fremde«. – [4] Cassirer: »eigene Vernunft sein«.

|A 132

des Wollens durch die Natur (in Bedürfnissen | und Neigungen) als Bestimmungsgründe gegeben werden müßten, um, bloß vermittelst der Vergleichung derselben unter einander und mit ihrer Summe, dasjenige durch Vernunft zu bestimmen, was wir uns zum Zwecke machen. Allein die Kritik der praktischen Vernunft zeigt, daß es reine praktische Prinzipien gebe, wodurch die Vernunft a priori bestimmt wird, und die also a priori den Zweck derselben angeben. Wenn also der Gebrauch des teleologischen Prinzips zu Erklärungen der Natur, darum, weil es auf empirische Bedingungen eingeschränkt ist, den Urgrund der zweckmäßigen Verbindung niemals vollständig und für alle Zwecke bestimmt gnug angeben kann: so muß man dieses dagegen von einer reinen Zweckslehre (welche keine andere als die der Freiheit sein kann) erwarten, deren Prinzip a priori die Beziehung einer Vernunft überhaupt auf das Ganze aller Zwecke enthält und nur praktisch sein kann. Weil aber eine reine praktische Teleologie, d. i. eine Moral, ihre Zwecke in der Welt wirklich zu machen bestimmt ist, so wird sie deren Möglichkeit in derselben, sowohl was die darin gegebene Endursachen betrifft, als auch die Angemessenheit der obersten Weltursache zu einem Ganzen aller Zwecke, als Wirkung, mithin so wohl die natürliche Teleologie, als auch die Möglichkeit einer Natur überhaupt, d. i. die Transzendental-Philosophie, nicht verabsäumen dürfen, um der praktischen reinen Zweckslehre objektive Realität, in Absicht auf die Möglichkeit des Objekts in der Ausübung, nämlich die des Zwecks, den sie als in der Welt zu bewirken vorschreibt, zu sichern.

| In beider Rücksicht hat nun der Verfasser der Briefe über die K. Philosophie sein Talent, Einsicht und ruhmwürdige Denkungsart, jene zu allgemein notwendigen Zwecken nützlich anzuwenden, musterhaft bewiesen; und, ob es zwar eine Zumutung an den vortrefflichen Herausgeber gegenwärtiger Zeitschrift ist, welche der Bescheidenheit zu nahe zu treten scheint, habe ich doch nicht ermangeln können, ihn um die Erlaubnis zu bitten, meine Anerkennung des Verdienstes, das der ungenannte und mir bis

nur vor kurzem unbekannte Verfasser jener[1] Briefe um die gemeinschaftliche Sache einer nach festen Grundsätzen geführten, so wohl spekulativen als praktischen Vernunft, so fern ich einen Beitrag dazu zu tun bemüht gewesen, in seine Zeitschrift einrücken zu dürfen. Das Talent einer lichtvollen, so gar anmutigen Darstellung trockener abgezogener Lehren, ohne Verlust ihrer Gründlichkeit, ist so selten (am wenigsten dem Alter beschieden) und gleichwohl so nützlich, ich will nicht sagen bloß zur Empfehlung, sondern selbst zur Klarheit der Einsicht, der Verständlichkeit, und der damit[2] verknüpften Überzeugung, – daß ich mich verbunden halte, demjenigen Manne, der meine Arbeiten, welchen ich diese Erleichterung nicht verschaffen konnte, auf solche Weise ergänzte, meinen Dank öffentlich abzustatten.

Ich will bei dieser Gelegenheit nur noch mit wenigem den Vorwurf entdeckter vorgeblicher Widersprüche in einem Werke von ziemlichem Umfange, ehe man es im ganzen wohl gefaßt hat, berühren. Sie schwin|den insgesamt von selbst, wenn man sie in der Verbindung mit dem übrigen betrachtet. In der Leipz. gel. Zeitung 1787, No. 94 wird das, was in der Kritik etc. Auflage 1787, in der Einleitung S. 3, Zeile 7 steht, mit dem, was bald darauf S. 5, Z. 1 und 2 angetroffen wird, als in geradem Widerspruche stehend angegeben; denn in der ersteren Stelle hatte ich gesagt: von den Erkenntnissen a priori heißen diejenige rein, denen gar nichts Empirisches beigemischt ist, und hatte als[3] ein Beispiel des Gegenteils den Satz angeführt: alles Veränderliche hat eine Ursache. Dagegen führe ich S. 5 eben diesen Satz zum Beispiel einer reinen Erkenntnis a priori, d. i. einer solchen, die von nichts Empirischem abhängig ist, an; – zweierlei Bedeutungen des Worts rein, von denen ich aber im ganzen Werke es nur mit der letzteren zu tun habe. Freilich hätte ich den Mißverstand durch ein Beispiel der erstern Art Sätze verhüten können: Alles Zufällige hat eine Ursache. Denn hier ist gar nichts Empirisches bei-

[1] Akad.-Ausg.: »Verdienstes des ungenannten und mir bis nur vor kurzem unbekannten Verfassers jener«. – [2] Akad.-Ausg.: »und damit«. – [3] Akad.-Ausg.: »ist, und als«.

|A 135

gemischt. Wer besinnt sich aber auf alle Veranlassungen zum Mißverstande? – Eben das ist mir mit einer Note zur Vorrede der Metaph. Anfangsg. d. Nat. W. S. XVI bis XVII widerfahren, da ich die Deduktion der Kategorien zwar für wichtig, aber nicht für äußerst notwendig ausgebe, letzteres aber in der Kritik doch geflissentlich behaupte. Aber man sieht leicht, daß sie dort nur zu einer negativen Absicht, nämlich um zu beweisen, es könne vermittelst ihrer allein (ohne sinnliche Anschauung) gar kein Erkenntnis der Dinge zu Stande kommen, in | Betrachtung gezogen werden, da es denn schon klar wird, wenn man auch nur die Exposition der Kategorien (als bloß auf Objekte überhaupt angewandte logische Funktionen) zur Hand nimmt. Weil wir aber von ihnen doch einen Gebrauch machen, darin sie zur Erkenntnis der Objekte (der Erfahrung) wirklich gehören, so mußte nun auch die Möglichkeit einer objektiven Gültigkeit solcher Begriffe a priori in Beziehung aufs Empirische besonders bewiesen werden, damit sie nicht gar ohne Bedeutung, oder auch nicht empirisch entsprungen zu sein geurteilt würden; und das war die positive Absicht, in Ansehung deren die Deduktion allerdings unentbehrlich notwendig ist.

Ich erfahre eben jetzt, daß der Verfasser obbenannter Briefe, Herr Rat Reinhold, seit kurzem Professor der Philosophie, in Jena, sei; ein Zuwachs, der dieser berühmten Universität nicht anders als sehr vorteilhaft sein kann.

I. Kant.

|A 136

INHALTSVERZEICHNIS

METAPHYSISCHE ANFANGSGRÜNDE DER NATURWISSENSCHAFT

suhrkamp taschenbücher wissenschaft

Immanuel Kant
Werkausgabe in zwölf Bänden

Herausgegeben
von Wilhelm Weischedel

Die Kant-Werkausgabe in den *suhrkamp taschenbüchern wissenschaft* ist als Kassette sowie in Einzelausgaben erhältlich:

I Vorkritische Schriften bis 1768 1 (stw 186)
II Vorkritische Schriften bis 1768 2 (stw 187)
III Kritik der reinen Vernunft 1 (stw 55)
IV Kritik der reinen Vernunft 2 (stw 55)
V Schriften zur Metaphysik und Logik 1 (stw 188)
VI Schriften zur Metaphysik und Logik 2 (stw 189)
VII Kritik der praktischen Vernunft. Grundlegung zur Metaphysik der Sitten (stw 56)
VIII Die Metaphysik der Sitten (stw 190)
IX Schriften zur Naturphilosophie (stw 191)
X Kritik der Urteilskraft (stw 57)
XI Schriften zur Anthropologie, Geschichtsphilosophie, Politik und Pädagogik 1 (stw 192)
XII Schriften zur Anthropologie, Geschichtsphilosophie, Politik und Pädagogik 2 (stw 193)

Theorie-Werkausgabe

Georg Wilhelm Friedrich Hegel
Werke in 20 Bänden

Auf der Grundlage der *Werke* von 1832–1845
neu edierte Ausgabe
Redaktion Eva Moldenhauer und Karl Markus Michel

1 Frühe Schriften
2 Jenaer Schriften
3 Phänomenologie des Geistes
4 Nürnberger und Heidelberger Schriften
5 Wissenschaft der Logik I
6 Wissenschaft der Logik II
7 Grundlinien der Philosophie des Rechts
8 Enzyklopädie der philosophischen Wissenschaften I
9 Enzyklopädie der philosophischen Wissenschaften II
10 Enzyklopädie der philosophischen Wissenschaften III
11 Berliner Schriften 1818–1831
12 Vorlesungen über die Philosophie der Geschichte
13 Vorlesungen über die Ästhetik I
14 Vorlesungen über die Ästhetik II
15 Vorlesungen über die Ästhetik III
16 Vorlesungen über die Philosophie der Religion I
17 Vorlesungen über die Philosophie der Religion II
18 Vorlesungen über die Geschichte der Philosophie I
19 Vorlesungen über die Geschichte der Philosophie II
20 Vorlesungen über die Geschichte der Philosophie III

Theorie-Werkausgabe

Ludwig Feuerbach
Werke in 6 Bänden

Herausgegeben von Erich Thies

1 Frühe Schriften (1828–1830)
2 Kritiken und Abhandlungen I (1832–1839)
3 Kritiken und Abhandlungen II (1839–1843)
4 Kritiken und Abhandlungen III (1844–1866)
5 Das Wesen des Christentums (1841)
6 Manuskripte aus dem Nachlaß. Briefe und Dokumente